I0174119

8° Z
290
89

LES
AUTEURS LATINS

EXPLIQUÉS D'APRÈS UNE MÉTHODE NOUVELLE

PAR DEUX TRADUCTIONS FRANÇAISES

L'UNE LITTÉRALE ET JUXTALINÉAIRE PRÉSENTANT LE MOT A MOT FRANÇAIS
EN REGARD DES MOTS LATINS CORRESPONDANTS
L'AUTRE CORRECTE ET FIDÈLE PRÉCÉDÉE DU TEXTE LATIN

avec des sommaires et des notes

PAR UNE SOCIÉTÉ DE PROFESSEURS

ET DE LATINISTES

VIRGILE

—

LES GÉORGIQUES

EXPLIQUÉES LITTÉRALEMENT
PAR M. SOMMER

TRADUITES EN FRANÇAIS ET ANNOTÉES
PAR M. A. DESPORTES

—

PREMIER LIVRE

PARIS

LIBRAIRIE DE L. HACHETTE ET Cie

RUE PIERRE-SARRAZIN, N° 12

LES

AUTEURS LATINS

EXPLIQUÉS D'APRÈS UNE MÉTHODE NOUVELLE

PAR DEUX TRADUCTIONS FRANÇAISES

Ce livre a été expliqué littéralement par M. Sommer, ancien élève de l'École Normale, traduit en français et annoté par M. Aug. Desportes, traducteur des Satires de Perse.

DE L'IMPRIMERIE DE CRAPELET, RUE DE VAUGIRARD, N° 9.

LES
AUTEURS LATINS

EXPLIQUÉS D'APRÈS UNE MÉTHODE NOUVELLE

PAR DEUX TRADUCTIONS FRANÇAISES

L'UNE LITTÉRALE ET JUXTALINÉAIRE PRÉSENTANT LE MOT A MOT FRANÇAIS
EN REGARD DES MOTS LATINS CORRESPONDANTS
L'AUTRE CORRECTE ET FIDÈLE PRÉCÉDÉE DU TEXTE LATIN

avec des sommaires et des notes

PAR UNE SOCIÉTÉ DE PROFESSEURS

ET DE LATINISTES

VIRGILE

PREMIER LIVRE DES GÉORGIQUES

BIBLIOTHÈQUE ROYALE

PARIS

LIBRAIRIE DE L. HACHETTE ET Cie

RUE PIERRE-SARRAZIN, No 12

1846

AVIS.

On a réuni par des traits, dans la traduction juxtalinéaire, les mots français qui traduisent un seul mot latin.

On a imprimé en *italiques* les mots qu'il était nécessaire d'ajouter pour rendre intelligible la traduction littérale, et qui n'avaient pas leur équivalent dans le latin.

Enfin, les mots placés entre parenthèses dans le français doivent être considérés comme une seconde explication, plus intelligible que la version littérale.

ARGUMENT ANALYTIQUE.

Proposition et invocation, vers 1-42. — Du labour et de l'amélioration du sol en le laissant reposer, en changeant de culture, en l'engraissant, en brûlant les chaumes, 43-93. — Rendre la terre meuble en brisant les mottes, en hersant, en labourant une seconde fois en sens oblique ; travaux qui suivent l'ensemencement, 94-124. — De l'âge d'or et du siècle qui le suivit, 125-146. — Cérès apprit la première aux hommes à ouvrir la terre avec le fer. Au prix de combien de soins on délivre les champs des herbes parasites qui les envahissent, et des oiseaux qui les ravagent, 147-159. — Instruments de culture ; signes de la fécondité des terres ; préparation des grains, 160-203. — Des temps propres au labourage et à divers ensemencements, 204-230. — Cours du soleil ; les zones ; les pôles ; utilité des connaissances astronomiques pour l'agriculture, 231-258. — A quelles occupations peut se livrer le laboureur en temps de pluie ; aux jours de fêtes. Travaux pendant le jour, en été ; en hiver, 259-310. — Les tempêtes sont à craindre en automne et au printemps. Pour s'en garantir il faut observer la place que les planètes occupent dans le zodiaque. Se rendre les dieux favorables et surtout Cérès, 311-350. — Pronostics du temps : signes particuliers des vents, de la pluie, du beau temps, 351-423. — Pronostics tirés de la lune ; du soleil, 424-463. — Des prodiges qui précédèrent et suivirent la mort de Jules César, et qui présageaient la guerre civile, 466-497. — Vœux pour César Auguste, 498-514.

GEORGICA.

LIBER I.

Quid faciat lætas segetes, quo sidere terram
Vertere, Mæcenas, ulmisque adjungere vites
Conveniat; quæ cura boum, qui cultus habendo
Sit pecori, atque apibus quanta experientia parcis,
Hinc canere incipiam. Vos, o clarissima mundi   5
Lumina [1], labentem cœlo quæ ducitis annum,
Liber, et alma Ceres, vestro si munere tellus
Chaoniam pingui glandem mutavit arista,
Poculaque inventis Acheloia [2] miscuit uvis;
Et vos, agrestum præsentia numina [3], Fauni,   10
Ferte simul, Faunique, pedem, Dryadesque puellæ :
Munera vestra cano. Tuque o, cui prima frementem
Fudit equum magno tellus percussa tridenti,
Neptune; et cultor nemorum, cui pinguia Ceæ [4]

Je vais chanter l'art qui produit les riantes moissons ; je dirai, ô
Mécène, sous quel astre il convient de labourer la terre, et de ma-
rier la vigne à l'ormeau ; quels soins il faut donner aux bœufs, à la
conservation des troupeaux, et quelle sage industrie fait prospérer
l'abeille économe. Brillants flambeaux de l'univers, vous qui dirigez
dans les cieux la marche de l'année, Bacchus, et toi, bienfaisante
Cérès, je vous invoque, s'il est vrai que grâce à vous les humains
aient remplacé le gland de Chaonie par l'épi nourricier, et mêlé
pour la première fois le jus de la grappe avec l'eau de l'Achéloüs.
Et vous, divinités tutélaires des champs, Faunes, Dryades, venez ensemble, accourez à ma voix : ce sont vos bienfaits que je chante. Et
toi, qui du sein de la terre ébranlée par ton trident, fis sortir un
coursier frémissant, ô Neptune, entends ma voix ; et toi aussi, divin
habitant des bois, Aristée, pour qui trois cents jeunes taureaux,

LES GÉORGIQUES.

LIVRE I.

Hinc	De-ce-moment (maintenant)
incipiam canere	je commencerai à chanter
quid faciat segetes lætas,	ce-qui fait les moissons heureuses,
quo sidere, Mæcenas,	sous quel astre, ô Mécène,
conveniat vertere terram,	il convient de retourner la terre,
adjungereque vites ulmis;	et de marier les vignes aux ormes;
quæ cura sit boum,	quel soin doit-être *pris* des bœufs,
qui cultus	quel régime *est à suivre*
habendo pecori,	pour avoir un troupeau,
atque quanta experientia	et quelle-grande expérience *il faut*
apibus parcis.	pour *élever* des abeilles économes.
Vos, o lumina clarissima	Vous, ô lumières très-éclatantes
mundi,	du monde,
quæ ducitis cœlo	qui conduisez dans le ciel
annum labentem,	l'année qui-s'écoule,
Liber, et alma Ceres,	Bacchus, et bienfaisante Cérès,
si vestro munere	si par votre présent (bienfait)
tellus	la terre
mutavit glandem Chaoniam	a échangé le gland de-Chaonie
arista pingui,	pour l'épi gras (gonflé par le grain),
miscuitque	et a mêlé
pocula Acheloia	les coupes (les boissons) de-l'Achéloüs
uvis inventis;	aux raisins (au vin) découverts;
et vos, Fauni,	et vous, Faunes,
numina præsentia	divinités propices
agrestum,	des campagnards,
ferte pedem simul,	portez le pied (venez) à-la-fois,
Faunique,	et Faunes,
puellæque Dryades:	et jeunes-filles Dryades:
cano vestra munera.	je chante vos présents.
Tuque, o Neptune,	Et toi, ô Neptune, [mière fois)
cui tellus prima	pour qui la terre la première (pour la pre-
percussa magno tridenti,	frappée de *ton* grand trident,
fudit	a versé *de son sein* (a produit)
equum frementem;	le cheval frémissant;
et cultor nemorum,	et *toi* qui-habites les bois,
cui ter centum juvenci	pour qui trois-fois cent jeunes-taureaux

Ter centum nivei tondent dumeta juvenci ; 15
Ipse, nemus linquens patrium saltusque Lycæi,
Pan, ovium custos, tua si tibi Mænala curæ,
Adsis, o Tegeæe ¹, favens; oleæque Minerva
Inventrix; uncique puer monstrator aratri;
Et teneram ab radice ferens, Silvane, cupressum² ; 20
Dique, deæque omnes, studium quibus arva tueri,
Quique novas alitis non ullo semine fruges,
Quique satis largum cœlo demittitis imbrem.

Tuque adeo, quem mox quæ sint habitura deorum
Concilia incertum est; urbesne invisere, Cæsar, 25
Terrarumque velis curam³, et te maximus orbis
Auctorem frugum tempestatumque potentem
Accipiat, cingens materna tempora myrto ;
An deus immensi venias maris, ac tua nautæ
Numina sola colant, tibi serviat ultima Thule ⁴, 30
Teque sibi generum Tethys emat omnibus undis ;
Anne novum tardis sidus te mensibus addas ,

blancs comme la neige, broutent le vert feuillage des buissons dans
les grasses campagnes de Cée. Et toi-même, dieu de Tégée, Pan,
qui protéges nos brebis, abandonne pour un moment les bois pater-
nels, les forêts du Lycée, et si le Ménale t'est cher encore, viens et
sois moi favorable. Minerve, qui fis naître le pacifique olivier ; toi,
jeune homme qui inventas la charrue recourbée ; Silvain , qui portes
dans tes mains le tendre rameau d'un cyprès déraciné ; vous tous,
dieux et déesses, qui veillez sur nos champs, qui fécondez les ger-
més des nouvelles semences, et qui leur versez du haut des cieux des
pluies salutaires , je vous invoque aussi.

Et toi enfin, César, dont nous ignorons quel sera bientôt le rang
dans le conseil des dieux, soit que tu veuilles honorer nos villes et
nos campagnes de tes regards et de tes soins, et recevoir, comme
dispensateur des fruits de la terre et souverain régulateur des saisons, le tribut d'hommages que l'univers entier te rendra en ceignant
ton front du myrte maternel ; soit que tu préfères régner sur les
vastes mers, qu'à toi seul s'adressent les prières des nautonniers,
qu'aux extrémités de l'Océan Thulé te soit soumise, et que Téthys ne
croie pas acheter trop cher l'honneur de t'avoir pour gendre en t'of-
frant tout l'empire des ondes ; soit que, nouvel astre d'été, tu te

nivei	d'une-blancheur-de-neige
tondent dumeta pinguia	broutent les taillis gras
Ceæ;	de-Céos;
ipse,	toi-même,
linquens nemus patrium	quittant le bois paternel
saltusque Lycæi,	et les bosquets du Lycée,
Pan, custos ovium,	Pan, gardien des brebis,
si tua Mænala curæ tibi,	si ton Ménale *est* à souci à toi (chéri de toi),
adsis favens, o Tegeæe;	sois-*moi* favorable, ô *dieu* de-Tégée;
Minervaque,	et *toi*, Minerve,
inventrix oleæ;	inventrice de l'olivier;
puerque	et *toi*, jeune-homme,
monstrator aratri unci;	auteur de la charrue recourbée;
et, Silvane,	et *toi*, Silvain,
ferens teneram cupressum	qui-portes un tendre cyprès
ab radice;	*détaché* de *sa* racine;
dique, deæque omnes,	et *vous* dieux, et déesses tous *ensemble*,
quibus studium	auxquels *est* le soin
tueri arva,	de protéger les champs,
quique alitis fruges novas	et qui nourrissez les fruits nouveaux
non ullo semine,	*nés* sans aucune semence,
quique demittitis cœlo	et qui faites-tomber du ciel
imbrem satis largum.	une pluie suffisamment abondante.
Tuque adeo,	Et toi aussi,
quem est incertum	lequel il est incertain
quæ concilia deorum	quelles réunions des dieux
sint habitura mox;	sont devant posséder bientôt,
velisne, Cæsar,	soit-que tu veuilles, César,
invisere urbes,	visiter les villes,
curamque terrarum,	et *que tu préfères* le soin des terres,
et maximus orbis accipiat te	et *que* le très-grand univers reçoive toi
auctorem frugum	*comme* auteur des fruits *de la terre*
potentemque tempestatum,	et maître des saisons,
cingens tempora	*te* ceignant les tempes
myrto materna;	du myrte maternel;
an venias deus	soit-que tu viennes *comme* dieu
maris immensi,	de la mer immense,
ac nautæ colant	et *que* les matelots honorent
tua numina sola,	ta divinité seule,
Thule ultima	*que* Thulé la plus reculée *du monde*
serviat tibi,	soit-soumise à toi,
Tethysque emat te	et *que* Téthys achète toi
generum sibi	*pour* gendre à elle
omnibus undis;	au prix de toutes *ses* eaux;
anne addas te	soit-que tu ajoutes toi
sidus novum	*comme* astre nouveau
mensibus tardis,	aux mois tardifs (longs),

Qua locus Erigonen [1] inter Chelasque sequentes
Panditur : ipse tibi jam brachia contrahit ardens
Scorpius, et cœli justa plus parte reliquit :   35
Quidquid eris (nam te nec sperent Tartara regem,
Nec tibi regnandi veniat tam dira cupido ,
Quamvis Elysios miretur Græcia campos,
Nec repetita sequi curet Proserpina matrem),
Da facilem cursum, atque audacibus annue cœptis,   40
Ignarosque viæ mecum miseratus agrestes,
Ingredere, et votis jam nunc assuesce vocari.

    Vere novo, gelidus canis quum montibus humor
Liquitur, et Zephyro putris se gleba resolvit,
Depresso incipiat jam tum mihi [2] taurus aratro   45
Ingemere, et sulco attritus splendescere vomer.
Illa seges demum votis respondet avari
Agricolæ, bis quæ solem, bis frigora sensit;
Illius immensæ ruperunt horrea messes.
    At prius ignotum ferro quam scindimus æquor,   50

---

places parmi ceux qui président aux longs mois, entre Érigone et le
brûlant Scorpion, qui déjà retire devant toi ses serres enflammées et
te cède le plus grand espace des cieux ; quelle que soit enfin la place
qui t'attend dans l'Olympe (car les Enfers n'oseraient se flatter de
t'avoir jamais pour roi ; et jamais le triste empire des morts ne
pourra tenter ton ambition, bien que la Grèce vante les merveilles
des champs Élysées, et que Proserpine résiste aux prières de sa mère
qui la redemande), ô César, rends facile à mes pas la carrière où je
vais entrer ; favorise d'un regard mon audacieuse entreprise, et, prenant en pitié nos laboureurs égarés, daigne les guider avec moi dans
les routes nouvelles que j'ouvre à leur ignorance, et accoutume-toi
dès à présent à t'entendre nommer dans nos vœux.
    Lorsque, au retour du printemps, la neige se fond et s'écoule du
haut des montagnes longtemps blanchies, lorsque la terre amollie
cède à la douce haleine des Zéphyrs ; que dès ce moment le taureau
commence à gémir sous le joug de la charrue, et que le soc, rouillé
par un long repos, sorte luisant du sillon. Une terre répond enfin
aux vœux de l'avide laboureur, quand elle a deux fois subi les ri-
gueurs de l'hiver, deux fois éprouvé les chaleurs de l'été ; c'est alors
seulement qu'il voit ses greniers crouler sous le poids de ses im-
menses récoltes.
    Mais avant que le soc ouvre le sein d'une terre inconnue, sache

qua locus panditur	là où une place s'ouvre
inter Erigonen	entre Érigone
Chelasque sequentes :	et les Serres qui-*la*-suivent :
jam ardens Scorpius ipse	déjà l'ardent Scorpion lui-même
contrahit brachia tibi,	resserre *ses* bras pour toi,
et reliquit	et *t*'a abandonné
plus parte justa cœli :	plus que *ta* part nécessaire du ciel :
quidquid eris	quoi que tu doives-être
(nam nec Tartara	(car et que le Tartare
sperent te regem,	n'espère pas toi *pour* roi,
nec cupido tam dira	et qu'un désir si violent
regnandi	de régner
veniat tibi,	ne vienne pas à toi,
quamvis Græcia	bien que la Grèce
miretur campos Elysios,	admire les champs Élyséens,
nec Proserpina repetita	et que Proserpine redemandée
curet sequi matrem),	ne se-soucie pas de suivre *sa* mère),
da cursum facilem,	donne-*moi* une marche facile,
atque annue	et favorise
cœptis audacibus,	*mon* entreprise audacieuse,
miseratusque mecum	et ayant-pitié avec-moi
agrestes	des campagnards
ignaros viæ,	ignorants de la route *qu'ils doivent suivre*,
ingredere,	avance-toi (viens),
et jam nunc assuesce	et déjà maintenant accoutume-toi
vocari votis.	à être appelé de *nos* vœux.
Vere novo,	Au printemps nouveau,
quum humor gelidus	lorsque l'humidité gelée (la neige)
liquitur	se-fond
montibus canis,	sur les montagnes blanchies,
et gleba putris	et *que* la glèbe friable
se resolvit Zephyro,	s'amollit par *l'influence du* Zéphyr,
jam tum taurus	*que* déjà alors le taureau
incipiat mihi ingemere	commence à moi à gémir
aratro depresso,	la charrue étant enfoncée *en terre*,
et vomer attritus sulco	et le soc usé par le sillon
splendescere.	à reluire.
Illa seges demum	Cette moisson (ce champ)-là seulement
respondet votis	répond aux vœux
agricolæ avari,	du laboureur avide,
quæ sensit bis solem,	qui a senti deux-fois le soleil (l'été),
bis frigora;	deux-fois les froids (l'hiver);
messes immensæ illius	la moisson immense de ce *champ*
ruperunt horrea.	a rompu (surcharge) les greniers.
At prius quam	Mais avant que
scindimus ferro	nous entr'ouvrions avec le fer
æquor ignotum,	un champ inconnu,

Ventos et varium cœli prædiscere morem
Cura sit, ac patrios cultusque habitusque locorum;
Et quid quæque ferat regio, et quid quæque recuset.
Hic segetes, illic veniunt felicius uvæ;
Arborei fetus alibi, atque injussa virescunt   55
Gramina. Nonne vides croceos ut Tmolus ¹ odores,
India mittit ebur, molles sua tura Sabæi,
At Chalybes nudi ferrum, virosaque Pontus
Castorea ², Eliadum palmas Epiros equarum?
Continuo has leges æternaque fœdera certis   60
Imposuit natura locis, quo tempore primum
Deucalion vacuum lapides jactavit in orbem,
Unde homines nati, durum genus. Ergo age, terræ
Pingue solum, primis extemplo a mensibus anni,
Fortes invertant tauri, glebasque jacentes   65
Pulverulenta coquat maturis solibus æstas.
At, si non fuerit tellus fecunda, sub ipsum

quels vents y règnent, quelle est la température du climat, quels sont les procédés de culture consacrés par la tradition ou conseillés par la nature du sol; sache enfin quelles productions le terrain adopte volontiers ou refuse de donner. Ici les moissons viennent plus heureusement; là ce sont les vignes; ailleurs les arbres fruitiers et les herbages croissent et verdissent sans culture. Ainsi tu vois que le Tmole nous envoie son safran, l'Inde son ivoire, la molle Arabie son encens, les Chalybes aux bras nus leur fer, le Pont l'onguent précieux de ses castors, et l'Épire ses cavales qui viennent disputer les palmes d'Olympie. Telles sont les lois éternelles, telle est l'immuable constitution que, dès le principe, la nature imposa pour toujours à chaque climat, alors que Deucalion, pour repeupler le monde désert, jeta ces pierres fécondes d'où naquirent les hommes, race infatigable. A l'œuvre donc! et que, dès les premiers jours de l'année, tes vigoureux taureaux retournent les terres grasses, et que l'été sec et poudreux pénètre et cuise de ses feux les mottes étendues au soleil. Si, au contraire, le terrain est sec par lui-même, il suffira

cura sit prædiscere	que le souci soit d'étudier-auparavant
ventos	les vents
et morem varium cœli,	et l'état varié du ciel,
ac cultusque	et aussi la manière-de-cultiver
habitusque patrios	et les habitudes paternelles (anciennes)
locorum ;	des lieux ;
et quid ferat quæque regio,	et ce-que porte (produit) chaque contrée,
et quid quæque recuset.	et ce-que chacune refuse de produire.
Hic segetes, illic uvæ	Ici les blés, là les raisins
veniunt felicius ;	viennent plus heureusement ;
alibi fetus arborei	ailleurs les rejetons des-arbres
atque gramina	et les herbes
virescunt injussa.	verdoient non-ordonnés (sans culture .
Nonne vides	Ne vois-tu pas
ut Tmolus mittit	comme le Tmolus envoie
odores croceos,	les odeurs du-safran (le safran odorant .
India ebur,	l'Inde l'ivoire,
Sabæi molles	les Sabéens efféminés
tura sua,	les encens propres-à-eux,
at Chalybes nudi	au-contraire les Chalybes nus
ferrum,	envoient le fer,
Pontusque castorea	et le Pont les testicules-de-castor
virosa,	à-la-forte-odeur,
Epiros	l'Épire [rieuses)
palmas equarum	les palmes des cavales (les cavales victo-
Eliadum ?	d'-Élide (en Élide)?
Continuo natura	Dès-le-commencement la nature
imposuit has leges	a imposé ces lois
fœderaque æterna	et ces conditions éternelles
locis certis,	à des lieux déterminés,
tempore quo primum	dans le temps où tout-d'abord
Deucalion jactavit lapides	Deucalion jeta des pierres
in orbem vacuum,	dans l'univers vide,
unde	d'où (desquelles pierres)
homines nati,	les hommes sont nés,
genus durum.	race dure.
Ergo age, extemplo	Ainsi allons, aussitôt
a primis mensibus anni	dès les premiers mois de l'année
tauri fortes	que des taureaux vigoureux
invertant	retournent
solum pingue terræ,	le sol gras de la terre,
æstasque pulverulenta	et que l'été poudreux
coquat solibus maturis	échauffe de ses soleils mûrs (ardents)
glebas jacentes.	les glèbes gisantes (exposées à ses rayons).
At, si tellus	Mais, si la terre
non fuerit fecunda,	n'est pas féconde (grasse),
erit sat suspendere	ce sera assez de la suspendre (soulever)

Arcturum[1] tenui sat erit suspendere sulco :
Illic, officiant lætis ne frugibus herbæ ;
Hic, sterilem exiguus ne deserat humor arenam.   70
    Alternis idem tonsas cessare novales[2],
Et segnem patiere situ durescere campum ;
Aut ibi flava seres, mutato sidere, farra,
Unde prius lætum siliqua quassante legumen,
Aut tenues fetus viciæ, tristisque lupini   75
Sustuleris fragiles calamos silvamque sonantem.
Urit enim lini campum seges, urit avenæ,
Urunt Lethæo perfusa papavera somno.
Sed tamen alternis facilis labor ; arida tantum
Ne saturare fimo pingui pudeat sola, neve   80
Effetos cinerem immundum jactare per agros.
Sic quoque mutatis requiescunt fetibus arva ;
Nec nulla interea est inaratæ gratia terræ.
    Sæpe etiam steriles incendere profuit agros,
Atque levem stipulam crepitantibus urere flammis :   85
Sive inde occultas vires et pabula terræ

qu'au lever de l'Arcture le soc l'effleure d'un léger sillon : ainsi dans les terrains gras les herbes parasites n'étoufferont pas les joyeuses moissons ; ainsi le terrain maigre conservera le peu de suc dont il est humecté.

Laisse ensuite se reposer tes champs moissonnés, et que la terre pendant un an se raffermisse ; du moins n'y sème de nouveau le froment qu'au retour de la saison, et après avoir recueilli sur ce terrain une récolte de pois, de vesce légère, de lupins aux frêles chalumeaux, fragile et bruyante forêt de légumes résonnant dans leur cosse tremblante ; mais garde-toi d'y semer l'avoine, le lin et le pavot chargé des vapeurs du Léthé : ils dessèchent, ils brûlent la terre qui les reçoit. Cependant elle peut les supporter de deux années l'une, pourvu que tu ne te refuses pas à réparer par d'abondants engrais ton champ épuisé, et à lui rendre sa première vigueur en le couvrant des sels vivifiants de la cendre. Ainsi se reposent les champs par le seul changement de productions, et pendant ce temps-là la terre restée sans culture ne reste pas toutefois sans utilité.

Souvent il est bon de mettre le feu à un champ stérile et de livrer le chaume léger aux flammes pétillantes : soit que la terre reçoive de cet embrasement une énergie secrète et de nouveaux aliments ; soit que

tenui sulco	par un mince sillon
sub Arcturum ipsum :	à-l'approche-de l'Arcture même :
illic, ne herbæ	là, de peur que les herbes
officiant frugibus lætis ;	ne nuisent aux moissons riantes ;
hic, ne humor exiguus	ici, de peur que l'humidité peu-abondante
deserat arenam sterilem.	ne quitte la poussière (le sol friable) stérile.
Idem	*Toi* le même (de même)
patiere novales tonsas	tu souffriras les jachères moissonnées
cessare alternis,	se-reposer par *années* alternées.
et campum segnem	et le champ oisif
durescere situ ;	durcir par le repos ;
aut seres,	ou tu sèmeras,
sidere mutato,	l'astre étant changé (l'année suivante)
farra flava	des blés jaunes
ibi, unde prius sustuleris	là, d'où auparavant tu auras récolté
legumen lætum	le légume abondant
siliqua quassante,	à la cosse branlante,
aut tenues fetus viciæ,	ou les minces produits de la vesce,
calamosque fragiles	et les tiges fragiles
silvamque sonantem	et la forêt bruyante
tristis lupini.	du triste lupin.
Seges enim lini	Car une moisson de lin
urit campum,	brûle le champ,
avenæ urit,	*une moisson* d'avoine *le* brûle,
papavera	les pavots
perfusa somno Lethæo	imprégnés du sommeil du-Léthé
urunt.	*le* brûlent.
Sed tamen labor facilis	Mais cependant le travail *est* facile
alternis ;	à *années* alternées ;
tantum ne pudeat	seulement qu'il n'*en* coûte pas *au laboureur*
saturare fimo pingui	de saturer d'un fumier gras
sola arida,	le sol aride,
neve	ou (et) *qu'il* ne *lui en coûte* pas
jactare	de jeter
cinerem immundum	une cendre malpropre
per agros effetos.	dans les champs appauvris.
Sic quoque arva	Ainsi aussi les champs
requiescunt	se-reposent
fetibus mutatis ;	les produits étant changés ;
nec interea	et pendant-ce-temps
gratia terræ inaratæ	le rapport d'une terre non-labourée
est nulla.	n'est pas nul.
Sæpe etiam profuit	Souvent encore il a été-utile
incendere agros steriles,	de brûler les champs stériles,
atque urere stipulam levem	et de consumer le chaume léger
flammis crepitantibus :	avec des flammes pétillantes :
sive inde terræ	soit-que de-là les terres

Pinguia concipiunt; sive illis omne per ignem
Excoquitur vitium, atque exsudat inutilis humor;
Seu plures calor ille vias et cæca relaxat
Spiramenta, novas veniat qua succus in herbas;   90
Seu durat magis, et venas adstringit hiantes,
Ne tenues pluviæ, rapidive potentia solis
Acrior, aut Boreæ penetrabile frigus adurat.

Multum adeo, rastris glebas qui frangit inertes [1],
Vimineasque trahit crates, juvat arva; neque illum   95
Flava Ceres alto nequidquam spectat Olympo;
Et qui, proscisso quæ suscitat æquore terga,
Rursus in obliquum verso perrumpit aratro,
Exercetque frequens tellurem, atque imperat arvis.

Humida solstitia atque hiemes orate serenas,   100
Agricolæ; hiberno lætissima pulvere farra,
Lætus ager : nullo tantum se Mysia cultu
Jactat, et ipsa suas mirantur Gargara messes [2].

le feu la purge de ses principes pernicieux, et la débarrasse d'une surabondance d'humidité; soit que la chaleur élargisse ou multiplie les
conduits souterrains par où la séve nourricière monte dans les tiges
naissantes; soit enfin que l'action du feu raffermisse et condense le
sol, resserre ses pores trop dilatés, et qu'il en ferme ainsi l'entrée
aux pluies fines, au soleil dévorant, au souffle desséchant de Borée.

Il n'aura pas travaillé en vain pour ses champs, le laboureur qui,
le rateau à la main, brise les mottes inertes, et qui y promène la claie
d'osier. La blonde Cérès le regarde et lui sourit du haut de l'Olympe.
Elle ne voit pas d'un œil moins favorable celui qui croise par de nouveaux sillons les sillons déjà tracés, abat les rayons trop exhaussés,
tourmente la terre sans relâche et lui commande en maître.

Laboureurs, demandez au ciel des solstices d'été pluvieux et des
hivers sereins. C'est surtout un hiver sec et poudreux qui fait la
joie des champs et donne de riants guérets. La Mysie est moins fière
de ses récoltes, et le Gargare même s'admire moins dans ses bril-
lantes moissons.

concipiunt vires occultas	tirent des forces secrètes
et pabula pinguia ;	et des aliments (sucs) gras ;
sive omne vitium	ou-que tout vice
excoquitur illis	soit détruit-par-la-chaleur à elles
per ignem,	au-moyen du feu,
atque humor inutilis	et *que* l'humeur inutile
exsudat ;	sorte-en-suintant ;
seu ille calor relaxat	soit-que cette chaleur ouvre
vias plures	des routes plus nombreuses
et spiramenta cæca,	et des pores cachés,
qua succus veniat	par où le suc puisse-venir
in herbas novas ;	dans les plantes nouvelles ;
seu durat magis,	soit qu'elle durcisse davantage,
et adstringit venas hiantes,	et resserre les conduits béants.
ne pluviæ tenues,	de peur que les pluies fines,
potentiave acrior	ou l'influence plus vive
solis rapidi,	du soleil rapide,
aut frigus penetrabile	ou le froid pénétrant
Boreæ	de Borée
adurat.	ne brûle *les semences.*
Qui frangit rastris	Celui-qui brise avec le râteau
glebas inertes,	les glèbes stériles,
trahitque crates vimineas,	et traîne *sur le sol* des herses d'-osier,
juvat adeo multum arva ;	fait-du-bien aussi beaucoup aux champs,
neque flava Ceres	et la blonde Cérès
spectat illum nequidquam	ne regarde pas lui en-vain
alto Olympo ;	du-haut-de l'Olympe ;
et	*il fait* aussi *du bien aux champs,* [veau
qui perrumpit rursus	celui-qui brise-en-les-traversant de-nou-
aratro	avec la charrue
verso in obliquum	tournée en *sens* oblique
terga quæ suscitat	les mottes qu'il élève
æquore proscisso,	sur le champ fendu (sillonné),
frequensque	et fréquent (souvent)
exercet tellurem,	travaille la terre,
atque imperat arvis.	et commande aux champs.
Orate	Demandez-avec-prière
solstitia humida	des solstices (étés) humides
atque hiemes serenas,	et des hivers sereins,
agricolæ ;	ô laboureurs ;
pulvere hiberno	avec la poussière d'-hiver (un hiver sec)
farra lætissima,	les blés *sont* très-abondants.
ager lætus :	le champ riant (fertile) :
Mysia se jactat tantum	la Mysie *ne* se vante autant
nullo cultu,	d'aucune culture,
et Gargara ipsa	et le Gargare lui-même
mirantur suas messes.	n'admire *pas autant* ses moissons.

Quid dicam, jacto qui semine cominus arva
Insequitur, cumulosque ruit male pinguis arenæ;   105
Deinde satis fluvium inducit rivosque sequentes ?
Et, quum exustus ager morientibus æstuat herbis,
Ecce supercilio clivosi tramitis undam
Elicit : illa cadens raucum per levia murmur
Saxa ciet, scatebrisque arentia temperat arva.   ,110
Quid, qûi, ne gravidis procumbat culmus aristis,
Luxuriem segetum tenera depascit in herba ,
Quum primum sulcos æquant sata? quique paludis
Collectum humorem bibula deducit arena ?
Præsertim incertis si mensibus [1] amnis abundans   115
Exit, et obducto late tenet omnia limo,
Unde cavæ tepido sudant humore lacunæ.

Nec tamen , hæc quum sint hominumque boumque labores
Versando terram experti , nihil improbus anser,
Strymoniæque grues [2], et amaris intuba fibris   120

Que dirai-je de celui qui, après avoir semé, parcourt ses sillons et rabat sur la semence la glèbe écrasée; qui y amène ensuite l'eau de quelque source voisine qu'il partage en petits ruisseaux? Et quand le soleil embrase les campagnes, que l'herbe sèche et meurt, voilà que des hauteurs sourcilleuses du mont il fait descendre une onde salutaire qui, tombant de roc en roc avec un doux murmure, porte la fraîcheur et la vie dans ses champs desséchés. Parlerai-je aussi de celui qui, pour empêcher que la tige ne s'affaisse sous le poids de l'épi, livre à la dent de ses troupeaux ce vain luxe d'herbe, lorsqu'à peine la pousse naissante commence à sortir du sillon? de celui qui fait écouler l'eau dormante dont sa terre est noyée, surtout dans les mois pluvieux, quand les fleuves débordés couvrent au loin les campagnes d'un noir limon et y forment des bas-fonds où l'eau s'échauffe en croupissant, et d'où s'exhalent de fétides vapeurs?

Et cependant, malgré ces soins assidus du laboureur, malgré le labeur patient des bœufs qui l'aident à remuer la terre, on n'est point à l'abri de l'oie vorace, de la grue du Strymon, des herbes aux racines amères et envahissantes, de l'ombre funeste des bois. Jupiter lui-

Quid dicam,
qui, semine jacto,
insequitur cominus arva,
ruitque cumulos
arenæ male pinguis ;
deinde inducit satis
fluvium
rivosque sequentes ?
Et, quum ager exustus
æstuat herbis morientibus,
ecce elicit undam
supercilio
tramitis clivosi :
illa cadens
ciet raucum murmur
per saxa levia,
temperatque scatebris
arva arentia.
Quid, qui,
ne culmus procumbat
aristis gravidis,
depascit luxuriem segetum
in herba tenera,
quum primum sata
æquant sulcos ?
quique deducit
arena bibula
humorem collectum
paludis ?
præsertim
si mensibus incertis
amnis abundans exit,
et tenet late omnia
limo obducto,
unde lacunæ cavæ
sudant humore tepido.
Nec tamen,
quum labores
hominumque boumque
sint experti hæc
versando terram,
anser improbus,
gruesque Strymoniæ,
et intuba fibris amaris
officiunt nihil,
aut umbra nocet.
Pater ipse

Que dirai-je *de celui*,
qui, la semence étant jetée,
presse (travaille) aussitôt les champs,
et renverse les amas
de terre peu grasse ;
et ensuite introduit-dans *ses blés* semés
un courant-d'eau
et des ruisseaux qui-suivent ?
Et, lorsque *son* champ desséché
est-brûlant dans *ses* herbes mourantes,
voilà qu'il fait-sortir l'eau
du sourcil (sommet)
d'un chemin en-pente (d'une colline) :
celle-ci *en* tombant
produit un bruyant murmure
à-travers les rochers polis,
et rafraîchit par *ses* cascades
les champs arides.
Que *dirai-je de celui* qui,
de peur que la tige ne tombe
sous les épis chargés,
fait-brouter la surabondance des blés
quand ils sont encore en herbe tendre,
aussitôt que les semailles
égalent les sillons (sont à leur niveau) ?
et *de celui* qui fait-écouler
du sol imbibé
l'eau amassée
d'un étang ?
surtout
si dans les mois incertains
le fleuve regorgeant sort-de *son lit*,
et occupe au-loin toutes *les campagnes*
de *son* limon répandu-sur *elles*,
d'où (par suite de quoi) les fossés creux
sont-humides d'une eau tiède.
Et cependant *il n'est pas vrai que*,
quand les travaux
et des hommes et des bœufs
ont éprouvé (accompli) ces *choses*
en remuant la terre,
l'oie malfaisante,
et les grues du-Strymon,
et les chicorées aux fibres amères
ne fassent-de-mal *en* rien,
ou *que* l'ombre *ne* nuise *pas*.
Le père *des dieux* lui-même

Officiunt, aut umbra nocet. Pater ipse colendi
Haud facilem esse viam voluit, primusque per artem
Movit agros, curis acuens mortalia corda,
Nec torpere gravi passus sua regna veterno.

Ante Jovem nulli subigebant arva coloni;   125
Nec signare quidem aut partiri limite campum
Fas erat : in medium quærebant; ipsaque tellus
Omnia liberius, nullo poscente, ferebat.
Ille malum virus serpentibus addidit atris,
Prædarique lupos jussit, pontumque moveri,   130
Mellaque decussit foliis, ignemque removit,
Et passim rivis currentia vina repressit :
Ut varias usus meditando extunderet artes
Paulatim, et sulcis frumenti quæreret herbam;
Ut silicis venis abstrusum excuderet ignem.   135
Tunc alnos primum fluvii sensere cavatas;
Navita tum stellis numeros et nomina fecit,
Pleiadas, Hyadas, claramque Lycaonis Arcton ¹.

même n'a pas voulu que la culture des champs fût exempte de peines :
le premier il en fit un art difficile, y excitant les mortels par l'aiguil-
lon du besoin, et ne souffrant pas que son empire s'endormît dans une
lâche indolence.

Avant Jupiter le labourage même était inconnu ; il n'était pas per-
mis de faire le partage des champs, d'en marquer les limites. C'était
l'héritage commun, et la terre, sans être sollicitée, donnait libérale-
ment tous ses biens. Jupiter empoisonna d'un venin mortel la dent
des noires vipères ; il donna aux loups l'instinct de la rapine ; il vou-
lut que la mer soulevât ses ondes irritées, que l'arbre cessât de dis-
tiller le miel ; il nous ravit l'usage du feu, et il arrêta dans leur cours
les ruisseaux de vin qui coulaient dans les plaines, afin que sous l'ai-
guillon des besoins, l'homme, marchant d'essais en essais et décou-
vrant peu à peu les arts utiles, fît sortir du sillon la tige de blé et
jaillir du caillou le feu recelé dans ses veines. Alors, pour la première fois, les fleuves sentirent sur leurs ondes le tronc de l'aune
creusé en canot ; alors le nautonnier compta les étoiles, leur donna
des noms, et distingua dans le ciel les Pléiades, les Hyades et l'Ourse
brillante, fille de Lycaon ; alors le chasseur tendit des piéges aux

haud voluit viam colendi	ne voulut pas la méthode de cultiver
esse facilem,	être facile,
primusque movit agros	et le premier il fit-remuer les terres
per artem,	selon un art,
acuens curis	aiguillonnant par les soucis
corda mortalia,	les cœurs des-mortels,
nec passus sua regna	et ne souffrant pas son royaume
torpere gravi veterno.	s'engourdir dans une pesante langueur.
Ante Jovem	Avant Jupiter
nulli coloni	aucuns cultivateurs
subigebant arva ;	ne domptaient (travaillaient) les champs ;
nec erat quidem fas	il n'était pas même d'usage
signare aut partiri campum	de marquer ou de partager la campagne
limite :	par une borne (des bornes) :
quærebant	*les hommes* cherchaient *leur nourriture*
in medium ;	en commun ;
tellusque ipsa	et la terre elle-même
ferebat omnia liberius,	produisait tout plus libéralement,
nullo poscente.	personne ne *le lui* demandant.
Ille addidit	*C'est* lui *qui* ajouta (donna)
virus malum	un venin nuisible
atris serpentibus,	aux noirs serpents,
jussitque lupos prædari,	et ordonna les loups piller,
pontumque moveri,	et la mer s'agiter,
decussitque	et il fit-tomber-en-*les*-secouant
mella foliis,	le miel des feuilles,
removitque ignem,	et retira le feu,
et repressit vina	et refoula les vins
currentia passim	qui-couraient (coulaient) çà-et-là
rivis :	en ruisseaux :
ut usus meditando	afin que le besoin en s'essayant
extunderet paulatim	fît-sortir (trouvât) peu-à-peu
artes varias,	les arts divers,
et quæreret sulcis	et cherchât par des sillons (en les creusant)
herbam frumenti ;	la tige du blé ;
ut excuderet	afin qu'il fît-jaillir
venis silicis	des veines du caillou
ignem abstrusum.	le feu caché.
Tunc primum fluvii	Alors pour-la-première-fois les fleuves
sensere alnos cavatas ;	sentirent les aunes creusés (les barques) ;
tum navita	alors le navigateur
fecit numeros et nomina	fit (donna) des nombres et des noms
stellis,	aux étoiles,
Pleiadas, Hyadas,	les Pléiades, les Hyades,
Arctonque claram	et l'Ourse brillante
Lycaonie,	de Lycaon.
Tum inventum	Alors *il fut* imaginé

BIBLIOTHÈQUE ROYALE

Tum laqueis captare feras et fallere visco
Inventum, et magnos canibus circumdare saltus.   140
Atque alius latum funda jam verberat amnem,
Alta petens, pelagoque alius trahit humida lina;
Tum ferri rigor, atque argutæ lamina serræ :
Nam primi cuneis scindebant fissile lignum;
Tum variæ venere artes; labor omnia vicit   145
Improbus, et duris urgens in rebus egestas.
　　Prima Ceres ferro mortales vertere terram
Instituit, quum jam glandes atque arbuta sacræ
Deficerent silvæ, et victum Dodona negaret.
Mox et frumentis labor additus : ut mala culmos   150
Esset rubigo, segnisque horreret in arvis
Carduus : intereunt segetes; subit aspera silva,
Lappæque, tribulique, interque nitentia culta
Infelix lolium et steriles dominantur avenæ.
Quod nisi et assiduis terram insectabere rastris ,   155
Et sonitu terrebis aves, et ruris opaci

bêtes sauvages ; la glu trompa l'oiseau ; on cerna de meutes aboyantes les grandes forêts. L'un frappe de sa ligne les eaux profondes ; l'autre promène sur les mers ses filets ruisselants. Le fer se durcit sous le marteau, et bientôt crie la scie aigre et mordante ; car les premiers hommes ne connaissaient que les coins pour fendre le bois. Alors naquirent les arts divers. Un travail opiniâtre et l'industrie aiguillonnée par la dure nécessité triomphent de tous les obstacles.

　Cérès la première apprit aux hommes à ouvrir la terre avec le fer, lorsque les fruits des arbres et le gland des forêts sacrées commencèrent à manquer, et que Dodone même refusa aux mortels leur facile nourriture. Bientôt le blé coûta de nouvelles peines : la nielle attaque et ronge l'épi ; l'inutile chardon hérisse les guérets ; les moissons périssent, étouffées sous une forêt de plantes épineuses, et la funeste ivraie et l'avoine stérile dominent au loin les riantes cultures. Si, le râteau à la main, tu ne tourmentes pas incessamment la terre; si tu ne chasses pas à force de bruit les oiseaux avides ; si tu n'arrêtes avec la faux l'essor des arbres qui jettent leur ombre sur tes champs ; enfin,

captare feras laqueis	de prendre les bêtes avec des lacs
et fallere visco,	et de *les* tromper avec de la glu,
et circumdare canibus	et d'envelopper de chiens
magnos saltus.	les grandes forêts.
Atque jam alius	Et déjà un autre
verberat funda	frappe du tramail
latum amnem,	un large fleuve,
petens alta,	cherchant les *eaux* profondes.
aliusque trahit pelago	et un autre traîne sur la mer
lina humida;	*ses* filets humides;
tum rigor ferri,	alors *fut employée* la dureté du fer (le fer
atque lamina serræ argutæ:	et la lame de la scie aigre : [dur),
nam primi	car les premiers *hommes*
scindebant cuneis	séparaient avec des coins
lignum fissile;	le bois facile-à-fendre;
tum venere variæ artes;	alors vinrent les divers arts ;
labor improbus	le travail opiniâtre
vicit omnia,	vint-à-bout-de tout,
et egestas urgens	et le besoin qui-pressait *les hommes*
in rebus duris.	dans une situation rigoureuse.
Ceres prima	Cérès la première
instituit mortales	apprit aux mortels
vertere terram ferro,	à retourner la terre avec le fer,
quum jam silvæ sacræ	lorsque déjà les forêts sacrées
deficerent glandes	manquaient de glands
atque arbuta,	et d'arbouses,
et Dodona negaret victum.	et *que* Dodone refusait la nourriture.
Mox labor	Bientôt le travail
additus et frumentis :	*fut* ajouté aussi aux blés :
ut rubigo mala	*savoir* que la nielle malfaisante
esset culmos,	rongeât les chaumes,
carduusque segnis	et *que* le chardon oisif (inutile)
horreret in arvis :	se-hérissât (se dressât) dans les champs :
segetes intereunt;	les moissons périssent :
silva aspera subit,	une forêt épineuse vient-en-place,
lappæque, tribulique,	et les bardanes, et les tribules,
interque culta	et au-milieu des *champs* cultivés
nitentia	brillants (qui viennent bien)
lolium infelix	l'ivraie inféconde
et avenæ steriles	et les avoines stériles
dominantur.	dominent.
Quod nisi et insectabere	Que si et tu ne tourmentes pas
terram	la terre
rastris assiduis,	avec des râteaux assidus (sans relâche),
et terrebis aves sonitu,	et tu n'effrayes pas les oiseaux par le bruit,
et premes falce	et tu n'élagues pas avec la serpe
umbras	les ombrages (les arbres)

Falce premes umbras, votisque vocaveris imbrem,
Heu! magnum alterius frustra spectabis acervum,
Concussaque famem in silvis solabere quercu.
Dicendum et quæ sint duris agrestibus arma, 160
Quis sine nec potuere seri, nec surgere messes :
Vomis, et inflexi primum grave robur aratri,
Tardaque Eleusinæ matris volventia plaustra,
Tribulaque, traheæque, et iniquo pondere rastri :
Virgea præterea Celei vilisque supellex, 165
Arbuteæ crates, et mystica vannus Iacchi :
Omnia quæ multo ante memor provisa repones,
Si te digna manet divini gloria ruris.
  Continuo in silvis magna vi flexa domatur
In burim, et curvi formam accipit ulmus aratri. 170
Huic a stirpe pedes temo protentus in octo,
Binæ aures, duplici aptantur dentalia dorso.
Cæditur et tilia ante jugo levis, altaque fagus,
Stivaque, quæ currus a tergo torqueat imos ;

si tes vœux assidus n'obtiennent pas des pluies favorables, c'est vainement, hélas ! que tu contempleras chez ton voisin les trésors entassés de Cérès, et tu te verras réduit, pour apaiser ta faim, à secouer les chênes de la forêt.

Je dois parler maintenant des instruments nécessaires au robuste laboureur, et sans lesquels il ne peut ni ensemencer les terres ni faire lever le grain. C'est d'abord la charrue, faite du chêne le plus dur et armée d'un soc tranchant ; puis les chariots lents et tardifs de la déesse d'Éleusis, les madriers roulants, les herses, les pesants rateaux ; ensuite le modeste attirail des ouvrages d'osier ou d'écorce d'arbre inventés par Célée, et les claies tissues de branches d'arbousier, et le van mystérieux consacré à Bacchus, toutes choses dont il faut être pourvu longtemps à l'avance, si tu aspires à quelque gloire dans l'art divin de l'agriculture.

On choisit d'abord dans la forêt un jeune orme qu'on ploie à force de bras pour lui donner la forme et la courbure d'une charrue. On y adapte ensuite un timon, qui s'étend de huit pieds en avant ; enfin on l'arme d'un soc accompagné de deux orillons. On a d'avance coupé et le tilleul et le hêtre, bois légers et propres à faire, l'un, le joug, et l'autre le manche qui dirigera à ton gré l'arrière-train de

ruris opaci,
de *ton* champ *trop* ombragé,

vocaverisqueimbrem votis,
et tu n'appelles pas la pluie de *tes* vœux,

heu ! spectabis frustra
hélas ! tu contempleras en-vain

magnum acervum alterius,
l'immense monceau d'un autre,

solabereque famem
et tu consoleras (apaiseras) *ta* faim

in silvis
dans les forêts

quercu concussa.
avec le chêne secoué (avec des glands).

Dicendum et
Il faut dire aussi

quæ arma sint
quels instruments doivent-être

agrestibus duris,
aux laboureurs robustes,

sine quis messes
sans lesquels les moissons,

nec potuere seri,
et n'ont pu (ne peuvent) être semées,

nec surgere :
et ne *peuvent* croître :

vomis,
le soc,

et primum robur grave
et d'abord le rouvre lourd

aratri inflexi,
de la charrue courbée,

plaustraque
et les chariots

matris Eleusinæ,
de la mère (déesse) d'-Éleusis,

volventia tarda,
qui roulent lents (lentement),

tribulaque,
et les herses *à roues*,

trahœæque,
et les herses *sans roues*,

et rastri pondere iniquo ;
et les râteaux d'un poids excessif ;

præterea
en-outre

supellex virgea vilisque
l'attirail d'-osier et peu-coûteux

Celei,
de Célée,

crates arbuteæ,
les claies d'-arbousier,

et vannus mystica Iacchi :
et le van mystique d'Iacchus :

omnia quæ memor
toutes *choses* que te-souvenant (prévoyant)

repones provisa
tu mettras-de-côté amassées-par-avance

multo ante,
beaucoup (longtemps) avant *de t'en servir*,

si digna gloria ruris divini
si une digne gloire de la campagne divine

manet te.
attend (est réservée à) toi.

Continuo in silvis
Et-d'abord dans les forêts

ulmus flexa magna vi
un ormeau ployé avec une grande force

domatur in burim,
est dompté (courbé) en manche,

et accipit formam
et reçoit la forme

aratri curvi.
d'une charrue courbe.

Huic aptantur
A cet *ormeau* s'adaptent

a stirpe temo
du-côté-de la racine une flèche

protentus in octo pedes,
prolongée jusqu'à huit pieds,

binæ aures,
deux orillons,

dentalia duplici dorso.
des dents à double dos (aux deux côtés).

Et tilia levis
Un tilleul léger aussi

cæditur ante jugo,
est coupé auparavant pour *faire* le joug,

fagusque alta,
et un hêtre élevé,

stivaque,
et un mancheron,

quæ a tergo torqueat
qui de derrière fasse-tourner (gouverne)

Et suspensa focis explorat robora fumus.   175

   Possum multa tibi veterum præcepta reïerre
Ni refugis, tenuesque piget cognoscere curas.

   Area cum primis ingenti æquanda cylindro,
Et vertenda manu, et creta solidanda tenaci,
Ne subeant herbæ, neu pulvere victa fatiscat;   180
Tum variæ illudant pestes : sæpe exiguus mus
Sub terris posuitque domos atque horrea fecit;
Aut oculis capti fodere cubilia talpæ;
Inventusque cavis bufo, et quæ plurima terræ
Monstra ferunt; populatque ingentem farris acervum   185
Curculio, atque inopi metuens formica senectæ.

   Contemplator item quum se nux plurima silvis
Induet in florem ¹, et ramos curvabit olentes.
Si superant fetus, pariter frumenta sequentur,
Magnaque cum magno veniet tritura calore;   190
At si luxuria foliorum exuberat umbra,
Nequidquam pingues palea teret area culmos.

---

l'attelage. Que ces bois soient suspendus à ton foyer et qu'ils s'y dur-
cissent à la fumée avant d'être mis en œuvre.

   Je puis te rappeler encore plusieurs pratiques recommandées par
les anciens, si tu ne t'ennuies pas à ces leçons et si tu ne dédaignes
pas d'entrer avec moi dans ce menu détail de soins champêtres.

   Un des premiers est d'aplanir sous un pesant cylindre l'aire où tu
dois battre ton blé; d'en pétrir la terre avec les mains, et d'en faire
un massif solide avec un ciment tenace, de peur que l'herbe n'y perce
ou qu'il ne s'y forme des crevasses par la force de la sécheresse. Alors
que d'ennemis malfaisants se joueraient de toi! Souvent une méchante
petite souris pratique son trou sous ton aire et y établit ses magasins,
ou bien c'est la taupe aveugle qui y creuse sa demeure souterraine
Le crapaud et tous ces monstres obscurs que la terre enfante s'y
ménagent des retraites, et d'énormes monceaux de blé sont dévorés
par le charançon, ou dévastés par la fourmi, qui craint pour ses
vieux jours la famine et l'indigence.

   Observe l'amandier dans les forêts, quand il commence à se couvrir
de fleurs et que ses rameaux odorants penchent vers la terre. S'il
abonde en fruits, l'été venu, de grandes chaleurs mûriront d'abondantes moissons; mais si l'arbre n'étale que le luxe stérile d'un feuillage
épais, le fléau ne battra sur ton aire qu'une vaine moisson de paille.

imos currus ;
et fumus explorat robora
suspensa focis.

Possum referre tibi
multa præcepta veterum ,
ni refugis ,
pigetque cognoscere
curas tenues.

Cum primis
area æquanda
ingenti cylindro,
et vertenda manu ,
et solidanda creta tenaci ,
ne herbæ subeant,
neu victa
fatiscat
pulvere ;
tum variæ pestes
illudant :
sæpe exiguus mus
posuitque domos sub terris
atque fecit horrea ;
aut talpæ capti oculis
fodere cubilia ;
bufoque inventus cavis ,
et monstra quæ terræ
ferunt plurima ;
curculioque ,
atque formica
metuens senectæ inopi
populat
ingentem acervum farris.

Contemplator item
quum silvis
nux se induet plurima
in florem ,
et curvabit ramos olentes.
Si fetus superant,
frumenta sequentur
pariter,
magnaque tritura veniet
cum magno calore ;
at si umbra exuberat
luxuria foliorum ,
nequidquam area teret
culmos
pingues palea.

le-bas du char (la charrue mise sur des
et la fumée éprouve les bois   [roues);
suspendus au foyer.

Je puis rapporter à toi
beaucoup-de préceptes des anciens,
si tu ne t'y-refuses pas ,
et s'il ne t'ennuie pas d'apprendre
ces soins minutieux.

Avec (parmi) les premières choses
une aire est à-aplanir
avec un grand cylindre,
et à-retourner avec la main ,
et à-affermir avec de la craie tenace,
de peur que des herbes n'y poussent ,
ou (et) de peur que vaincue (affaissée)
elle ne s'entr'ouvre
par la poussière (changée en poussière) ;
alors divers fléaux
se joueraient de ton travail ·
souvent la mince souris
et a établi sa demeure sous la terre
et y a fait son grenier ;
ou les taupes prises par les yeux (aveugles)
y ont creusé leur lit ;
et le crapaud a été trouvé dans des trous ,
et tous les monstres que les terres
portent en-très-grand-nombre ;
et le charançon ,
et la fourmi
qui-craint pour sa vieillesse indigente
dévastent
un grand monceau de blé.

Observe également
lorsque dans les forêts
l'amandier se vêtira le plus
en (de) fleur,
et courbera ses rameaux odorants.
Si ses fruits sont-abondants ,
les blés suivront
pareillement ,
et un grand battage viendra
avec une grande chaleur ;
mais si l'ombre est-excessive
par le luxe des feuilles,
en-vain l'aire broiera (battra)
les chaumes
gros (bien fournis) de paille, non de grains.

Semina vidi equidem multos medicare serentes,
Et nitro prius et nigra perfundere amurca,
Grandior ut fetus siliquis fallacibus esset,   195
Et, quamvis igni exiguo, properata maderent.
Vidi lecta diu, et multo spectata labore,
Degenerare tamen, ni vis humana quotannis
Maxima quæque manu legeret. Sic omnia fatis
In pejus ruere, ac retro sublapsa referri.   200
Non aliter quam qui adverso vix flumine lembum
Remigiis subigit, si brachia forte remisit,
Atque illum in præceps prono rapit alveus amni.

Præterea tam sunt Arcturi sidera nobis
Hædorumque dies servandi, et lucidus Anguis,   205
Quam quibus in patriam ventosa per æquora vectis
Pontus et ostriferi fauces tentantur Abydi [1].

Libra die [2] somnique pares ubi fecerit horas,
Et medium luci atque umbris jam dividit orbem,

J'ai vu beaucoup de laboureurs ne semer leurs légumes qu'après en avoir préparé la semence en l'arrosant d'eau nitrée et de marc d'huile d'olive, afin que, dans leur cosse souvent trompeuse, les grains devinssent plus gros; mais quelque soin qu'on prît d'accélérer, par une chaleur sage et modérée, la germination de ces semences, j'ai observé que même les mieux choisies et les mieux préparées dégénéraient à la longue, si chaque année un nouveau choix ne mettait à part ce qu'il y avait de plus beau grain. Telle est la loi du destin : tout décroît et s'altère, tout se précipite vers son déclin. Ainsi le nautonnier, luttant de toute la force de ses rames, remonte le courant d'un fleuve; mais que ses bras lassés s'arrêtent un moment, l'onde aussitôt le maîtrise et l'entraîne avec rapidité.

Il faut aussi que le laboureur observe les étoiles de l'Arcture, et le lever des Chevreaux et le Dragon étincelant, avec le même soin que font les matelots lorsque, retournant dans leur patrie à travers les mers orageuses, ils entrent dans les eaux de l'Hellespont ou du détroit d'Abydos, abondant en coquillages.

Dès que la Balance égale les heures du jour aux heures de la nuit et dispense au monde une égale part d'ombre et de lumière, exercez

Vidi equidem multos	J'en ai vu assurément beaucoup
medicare semina.	préparer les semences
serentes,	en semant,
et perfundere prius	et les arroser auparavant
nitro et amurca nigra,	de nitre et de marc-d'huile noir,
ut fetus esset grandior	afin que le fruit (le grain) fût plus gros
siliquis fallacibus,	dans des cosses trompeuses,
et maderent	et qu'elles s'amollissent (cuisissent)
properata,	hâtées (plus vite),
quamvis exiguo igni.	quoiqu'avec un petit feu.
Vidi lecta diu,	J'en ai vu choisies depuis longtemps,
et spectata	et éprouvées
multo labore,	avec beaucoup-de travail (de peine),
degenerare tamen,	dégénérer cependant,
ni vis humana	si la force humaine (l'homme)
legeret manu quotannis	ne choisissait de sa main chaque-année
quæque maxima.	chacunes (toutes) les plus grandes.
Sic fatis omnia	Ainsi par les destins toutes choses
ruere in pejus,	ont coutume de tomber en pis,
et sublapsa	et reculant-peu-à-peu (se dégradant)
referri retro.	d'être reportées en-arrière.
Non aliter quam qui	Non autrement que celui-qui
subigit vix lembum	fait-avancer avec-peine sa barque
remigiis	par les rames
flumine adverso,	le fleuve étant contraire (contre le courant),
si forte remisit brachia,	si par-hasard il a relâché ses bras,
atque alveus	et que le lit du fleuve
rapit illum in præceps	entraîne lui en pente (à la dérive)
amni prono.	par son courant qui-descend (rapide).
Præterea	En-outre
sidera Arcturi,	les astres de l'Ourse,
diesque Hædorum,	et les jours des Chevreaux,
et Anguis lucidus,	et le Dragon éclatant,
sunt tam servandi nobis,	sont autant à-observer à nous,
quam quibus,	qu'à ceux par lesquels,
vectis in patriam	étant portés vers leur patrie
per æquora	à-travers les plaines liquides
ventosa,	exposées-aux-vents,
Pontus et fauces Abydi	le Pont et le détroit d'Abydos
ostriferi	qui-produit-des-huîtres
tentantur.	sont essayés (affrontés).
Ubi Libra fecerit pares	Dès que la Balance aura fait égales
horas die	les heures du jour
somnique,	et du sommeil (de la nuit),
et dividit jam	et qu'elle partage déjà
orbem medium	l'orbe (le ciel) par-moitié
luci atque umbris,	pour (entre) la lumière et les ténèbres

Exercete, viri, tauros; serite hordea campis,   210
Usque sub extremum brumæ intractabilis imbrem;
Nec non et lini segetem, et Cereale papaver
Tempus humo tegere, et jamdudum incumbere aratris,
Dum sicca tellure licet, dum nubila pendent.

Vere fabis satio; tum te quoque, Medica, putres   215
Accipiunt sulci, et milio venit annua cura,
Candidus auratis aperit quum cornibus annum
Taurus, et adverso cedens Canis occidit[1] astro.

At si triticeam in messem robustaque farra
Exercebis humum, solisque instabis aristis,   220
Ante tibi Eoæ Atlantides abscondantur[2],
Gnosiaque ardentis decedat stella Coronæ[3],
Debita quam sulcis committas semina, quamque
Invitæ properes anni spem credere terræ.
Multi ante occasum Maiæ cœpere; sed illos   225
Exspectata seges vanis elusit aristis.

vos taureaux, ô laboureurs, et semez l'orge dans vos champs, jusqu'au temps des pluies qui précèdent le redoutable hiver. C'est aussi le moment de semer le lin et le pavot de Cérès. Hâtez-vous donc, et, courbés sur la charrue, ouvrez la terre sèche encore, tandis que les nuages menaçants sont suspendus sur vos têtes.

La fève se sème au printemps; alors aussi les sillons reçoivent le trèfle de la Médie, et le millet, qui tous les ans redemande nos soins, quand le Taureau ouvre de ses cornes dorées la marche de l'année, et que Sirius se retire et s'efface devant la lumière de l'astre qui le suit.

Mais si tu ne prépares la terre que pour le froment et les grains qui portent des épis, ne répands sur les sillons la semence qu'ils attendent que quand tu verras les Pléiades, filles d'Atlas, se cacher le matin sous l'horizon, et la brillante couronne d'Ariadne se dégager des feux du soleil. Jusque-là ne force pas la terre à recevoir la plus douce espérance de l'année. Plusieurs, il est vrai, ont commencé avant le coucher de Maïa, mais la moisson n'a donné à leur attente que des épis vides.

viri,
exercete tauros;
serite hordea campis,
usque sub imbrem
extremum
brumæ intractabilis;
nec non tempus
tegere humo
et segetem lini,
et papaver Cereale;
et incumbere jamdudum
aratris,
dum licet
tellure sicca,
dum nubila
pendent.
   Vere satio
fabis;
tum sulci putres
accipiunt te quoque,
Medica,
et cura annua venit milio,
quum Taurus candidus
aperit annum
cornibus auratis,
et Canis cedens
astro adverso
occidit.
   At si exercebis humum
in messem triticeam
farraque robusta,
instabisque
aristis solis,
Atlantides Eoæ
abscondantur tibi,
stellaque Gnosia
Coronæ ardentis
decedat,
ante quam committas sulcis
semina debita,
quamque properes
credere terræ invitæ
spem anni.
Multi cœpere
ante occasum Maiæ;
sed seges exspectata
elusit illos aristis vanis.

hommes,
exercez (faites travailler) les bœufs;
semez des orges dans *vos* champs,
jusqu'au-moment-de la pluie
dernière (qui vient à la fin de l'année)
du solstice-d'hiver intraitable (rigoureux);
et aussi *il est* temps
de couvrir de terre
et la graine du lin,
et le pavot de-Cérès,
et de peser au-plus-tôt
sur la charrue,
tandis qu'il est-possible *de le faire*
avec une terre sèche,
tandis que les nuages
sont-*encore*-suspendus.
   Au printemps *est* le-temps des-semailles
pour les fèves;
alors les sillons friables
reçoivent toi aussi,
plante de-Médie (luzerne),
et le soin annuel vient pour le millet,
lorsque le Taureau éclatant
ouvre l'année
de *ses* cornes dorées,
et *que* le Chien se-retirant
avec *son* astre opposé *au Taureau*
tombe (se couche).
   Mais si tu travailles la terre
pour *avoir* une moisson de-froment
et des blés forts (de belle venue),
et *que* tu poursuives (veuilles)
des épis seuls,
que les Atlantides (les Pléiades) du-matin
se-cachent (se couchent) pour toi,
et que l'étoile de-Gnose (Crétoise)
de la Couronne ardente
se-retire-de *l'horizon*,
avant que tu livres aux sillons
les semences dues,
et que tu te-hâtes
de confier à la terre contre-son-gré
l'espérance de l'année.
Beaucoup ont commencé
avant le coucher de Maïa;
mais la moisson attendue
a joué eux par *ses* épis vides.

Si vero viciamque seres vilemque faselum ,
Nec Pelusiacæ curam aspernabere lentis,
Haud obscura cadens mittet tibi signa Bootes [1].
Incipe, et ad medias sementem extende pruinas.   230
   Idcirco certis dimensum partibus orbem
Per duodena regit mundi Sol aureus astra.
Quinque tenent cœlum Zonæ, quarum una corusco
Semper sole rubens, et torrida semper ab igni;
Quam circum extremæ dextra lævaque trahuntur,   235
Cærulea glacie concretæ atque imbribus atris [2] ;
Has inter mediamque , duæ mortalibus ægris
Munere concessæ divum; et via secta per ambas ,
Obliquus qua se signorum verteret ordo.
Mundus ut ad Scythiam Riphæasque [3] arduus arces   240
Consurgit, premitur Libyæ devexus in Austros.
Hic vertex nobis semper sublimis; at illum
Sub pedibus Styx atra videt, Manesque profundi.

Si tu sèmes et la vesce et les viles faséoles, si tu ne juges pas la
lentille de Péluse indigne de tes soins, le coucher de Bootès t'indique
le moment précis des semailles. Commence donc alors, et continue
de semer jusqu'au milieu de l'hiver.

C'est pour régler nos travaux dans les champs, que l'astre aux
rayons d'or partage, entre les douze constellations, le cercle qu'il
parcourt dans le ciel. Cinq zones embrassent le vaste contour de
l'Olympe : l'une, route flamboyante du soleil, est toujours brûlée de
ses feux ; deux autres, à une égale distance de la première et tour-
nant à sa droite et à sa gauche, s'étendent jusqu'aux pôles du monde.
C'est le triste séjour des glaces éternelles et des noirs frimats. Entre
ces deux dernières et celle du milieu , sont les deux espaces accordés
par la bonté des dieux aux malheureux mortels, et de l'une à l'autre
de ces zones favorisées, court la route oblique que suit le soleil à travers les signes du zodiaque. Le globe, qui s'élève du côté de la Scy-
thie et des monts Riphées, s'abaisse et redescend du côté de la brû-
lante Libye. Pour nous, l'un des pôles est le point culminant de
notre horizon ; l'autre est sous nos pieds et ne voit que le Styx profond et les pâles ombres des enfers. C'est à notre pôle que brille

Si vero seres	Mais si tu sèmes
viciamque	et la vesce
vilemque faselum,	et la vile faséole,
nec aspernabere curam	et *que* tu ne dédaignes pas le soin
lentis Pelusiacæ,	de la lentille de-Péluse,
Bootes cadens	le Bouvier se-couchant
mittet tibi signa	enverra (donnera) à toi des signes
haud obscura.	non obscurs (visibles).
Incipe,	Commence,
et extende sementem	et prolonge les semailles
ad medias pruinas.	jusqu'au milieu des gelées (de l'hiver).
Idcirco Sol aureus	C'est-pourquoi le Soleil d'-or
regit	gouverne
per duodena astra mundi	au-moyen-de douze astres du ciel
orbem dimensum	le cercle *du ciel* divisé
partibus certis.	en parties certaines (distinctes).
Quinque Zonæ	Cinq Zones
tenent cœlum,	occupent le ciel,
quarum una semper rubens	dont l'une *est* toujours rouge
sole corusco,	par un soleil étincelant,
et semper torrida ab igni;	et toujours brûlante par le feu;
circum quam	autour de laquelle
dextra lævaque	à droite et à gauche
extremæ trahuntur,	les *zones* extrêmes s'étendent,
concretæ	durcies
glacie cærulea	par une glace couleur-d'azur (sombre)
atque atris imbribus;	et par de noires pluies;
inter has mediamque,	entre celles-ci et *celle* du-milieu,
duæ concessæ	deux *ont été* accordées
munere divum	par le bienfait des dieux
mortalibus ægris;	aux mortels malades (malheureux);
et via secta	et une route *a été* coupée (faite)
per ambas,	par (entre) les deux,
qua ordo obliquus	par où la succession oblique
signorum	des signes *du zodiaque*
se verteret.	pût se tourner (se mouvoir).
Mundus,	Le ciel,
ut consurgit arduus	de même qu'il s'élève haut
ad Scythiam	du-côté-de la Scythie
arcesque Riphæas,	et des hauteurs Riphéennes,
premitur devexus	se-déprime penché
in Austros Libyæ.	vers les Austers (le midi) de la Libye.
Hic vertex	Ce sommet (le pôle du nord)
semper sublimis nobis;	*est* toujours élevé (en vue) pour nous;
at Styx atra	mais le Styx noir
videt illum sub pedibus,	voit celui-là (l'autre pôle) sous *ses* pieds,
Manesque profundi.	et les Mânes profonds *l'y voient*.

Maximus hic flexu sinuoso elabitur Anguis [1]
Circum, perque duas in morem fluminis Arctos,   245
Arctos Oceani metuentes æquore tingi.
Illic, ut perhibent [2], aut intempesta silet nox
Semper, et obtenta densantur nocte tenebræ;
Aut redit a nobis Aurora, diemque reducit;
Nosque ubi primus equis Oriens afflavit anhelis,   250
Illic sera rubens accendit lumina Vesper.

    Hinc tempestates dubio prædiscere cœlo
Possumus, hinc messisque diem tempusque serendi;
Et quando infidum remis impellere marmor
Conveniat; quando armatas deducere classes,   255
Aut tempestivam silvis evertere pinum.
Nec frustra signorum obitus speculamur et ortus,
Temporibusque parem diversis quatuor annum.

    Frigidus agricolam si quando continet imber,
Multa, forent quæ mox cœlo properanda sereno,   260

---

l'énorme Dragon, serpentant à longs plis dans le ciel, ainsi qu'un fleuve immense, et embrassant en ses vastes détours les deux Ourses, qui craignent de toucher les flots de l'Océan. Vers le pôle opposé règnent, dit-on, un éternel silence et d'éternelles ténèbres que redouble encore l'ombre de la nuit. Peut-être aussi l'Aurore, en nous quittant, va-t-elle y porter le jour, et quand l'haleine enflammée des coursiers du soleil a commencé à souffler sur nous, là-bas peut-être Vesper au front vermeil rallume-t-il son flambeau.

Cette connaissance des astres nous apprend à lire dans un ciel douteux; par elle nous savons dans quel temps on doit semer et récolter; quand on peut fendre avec la rame le sein des mers trompeuses, armer et lancer les flottes; quand est arrivé le moment d'abattre le sapin dans les forêts. Ce n'est donc pas en vain que nous observons le lever et le coucher des astres, et le cours de l'année, que se partagent les quatre saisons, égales en durée et diverses de température.

S'il survient des pluies froides qui retiennent le laboureur dans sa maison, il peut s'occuper à loisir de divers ouvrages qu'il serait bientôt obligé de faire à la hâte dans une saison plus douce : qu'il

Hic Anguis maximus
elabitur
flexu sinuoso
in morem fluminis
circum perque duas Arctos,
Arctos metuentes tingi
æquore Oceani.
Illic, ut perhibent,
aut nox intempesta
silet semper,
et tenebræ densantur
nocte obtenta;
aut Aurora redit
a nobis,
reducitque diem;
ubique primus Oriens
afflavit nos
equis anhelis,
illic Vesper rubens
accendit lumina sera.

Hinc possumus
prædiscere tempestates
cœlo dubio,
hinc
diemque messis
tempusque serendi ;
et quando conveniat
impellere remis
marmor infidum ;
quando
deducere
classes armatas,
aut evertere silvis
pinum tempestivam.
Nec frustra
speculamur obitus
et ortus signorum,
annumque parem
quatuor temporibus
diversis.

Siquando imber frigidus
continet agricolam,
datur
maturare multa,
quæ mox
forent properanda
cœlo sereno :

Ici (au pôle nord) le Dragon très-grand
glisse (a son cours)
avec *un* circuit sinueux
à la manière d'un fleuve
autour et au-travers des deux Ourses,
des Ourses qui-craignent de se-mouiller
dans la plaine de l'Océan.
Là (à l'autre pôle), comme on raconte,
ou la nuit profonde
est (règne)-silencieuse toujours,
et les ténèbres sont-épaisses
d'une nuit répandue *sur la terre ;*
ou l'Aurore revient *là*
de nous (en nous quittant),
et *y* ramène le jour;
et dès que le premier Orient (le matin)
a soufflé-sur nous
de *ses* chevaux hors-d'haleine,
là l'étoile-du-soir rouge
allume *sa* lumière tardive.

De là *vient que* nous pouvons
apprendre-d'avance les saisons
dans le ciel douteux,
de là *nous pouvons connaître*
et le jour (le moment) de la moisson
et le temps de semer (des semailles);
et quand il convient
de frapper avec les rames
la mer trompeuse;
quand *il convient*
de faire-descendre (mettre en mer)
les flottes équipées,
ou d'abattre dans les forêts
le pin *coupé*-à-propos.
Et *ce* n'*est* pas en-vain
que nous observons les couchers
et les levers des constellations,
et l'année egale (divisée également)
par quatre saisons
différentes.

Si parfois la pluie froide
retient le cultivateur *à la maison*,
il *lui* est donné
de faire-à-loisir beaucoup-de *choses*,
qui bientôt
seraient à-faire-à-la-hâte
avec un ciel serein :

Maturare datur : durum procudit arator
Vomeris obtusi dentem ; cavat arbore lintres ;
Aut pecori signum , aut numeros impressit acervis.
Exacuunt alii vallos furcasque bicornes,
Atque Amerina parant lentæ retinacula ¹ viti.   265
Nunc facilis rubea texatur fiscina virga;
Nunc torrete igni fruges , nunc frangite saxo.
Quippe etiam festis quædam exercere diebus
Fas et jura sinunt : rivos deducere nulla
Religio vetuit, segeti prætendere sepem ,   270
Insidias avibus moliri , incendere vepres ,
Balantumque gregem fluvio mersare salubri.
Sæpe oleo tardi costas agitator aselli
Vilibus aut onerat pomis; lapidemque revertens
Incusum , aut atræ massam picis urbe reportat.   275
    Ipsa dies alios alio dedit ordine Luna
Felices operum. Quintam fuge : pallidus Orcus ,
Eumenidesque satæ; tum partu Terra nefando

---

affile sous le marteau le soc émoussé de sa charrue , qu'il creuse en
nacelle des troncs d'arbres , marque ses troupeaux et mesure ses
grains. D'autres aiguiseront des pieux et des fourches à double dent,
ou prépareront le saule d'Amérie pour lier la vigne naissante. Tres-
sez en corbeille les baguettes flexibles de l'osier ; faites griller le blé
et broyez-le entre les meules. Il est même, pour les jours de fête,
certaines occupations que n'interdisent ni la religion ni les lois : on
peut, sans offenser les dieux, conduire l'eau dans les prés, entourer
ses moissons d'un rempart d'épines, tendre des piéges aux oiseaux,
livrer aux flammes les ronces d'un cnamp, et laver les brebis dans
une eau salutaire. Bien souvent, ces jours-là, hâtant le pas tardif
de son âne, qu'il a chargé d'huile et de menus fruits des champs, le
villageois le conduit à la ville et en rapporte une meule ou sa provi
sion de poix-résine.
    La Lune amène aussi, dans son cours inégal, des jours favorables
ou contraires à certains travaux. Redoute le cinquième : il a vu naître le pâle Orcus et les Euménides ; il a vu la Terre, par un enfan-

arator procudit	le laboureur forge-au-marteau
dentem durum	la dent dure
vomeris obtusi;	du soc émoussé;
cavat arbore lintres;	il creuse dans l'arbre des bachots;
aut impressit	ou il a imprimé (il imprime)
signum pecori,	une marque à *son* troupeau,
aut numeros	ou des nombres (le nombre des mesures)
acervis.	à *ses* tas *de blé*.
Alii exacuunt vallos	D'autres aiguisent des pieux
furcasque bicornes,	et des fourches à-double-corne.
atque parant viti lentæ	et préparent pour la vigne flexible
retinacula Amerina.	des liens d'-Amérie (de saule).
Nunc fiscina facilis	Tantôt qu'une corbeille facile
texatur virga rubea;	soit tressée avec la baguette de-la-ronce;
nunc torrete fruges igni,	tantôt faites-griller les blés par le feu,
nunc frangite saxo.	tantôt broyez-*les* avec la pierre.
Quippe fas	En effet le droit *divin*
et jura	et les lois *humaines*
sinunt exercere quædam	permettent d'exercer (de faire) certaines
etiam diebus festis :	même les jours de-fête : [*choses*
nulla religio	aucun respect-des-dieux
vetuit	n'a défendu (ne défend)
deducere rivos,	de faire-descendre des ruisseaux,
prætendere segeti	d'étendre-devant un champ-de-blé
sepem,	une haie,
moliri insidias avibus,	de dresser des piéges aux oiseaux,
incendere vepres,	de mettre-le-feu aux épines,
mersareque fluvio salubri	et de baigner dans une source salutaire
gregem	un troupeau
balantum.	d'*animaux* bêlants (de moutons).
Sæpe agitator aselli tardi	Souvent conducteur d'un âne tardif
onerat costas oleo	*le villageois lui* charge les flancs d'huile
aut pomis vilibus;	ou de fruits de-vil-prix ;
revertensque reportat urbe	et revenant il rapporte de la ville
lapidem	une pierre
incusum,	piquée-au-marteau (une meule),
aut massam picis atræ.	ou une masse (un gâteau) de poix noire.
Luna ipsa dedit	La Lune elle-même a donné
dies felices operum	des jours heureux de travaux
alios	autres [rang).
alio ordine.	dans un autre ordre (différents selon leur
Fuge quintam :	Fuis (évite) le cinquième *jour :*
pallidus Orcus,	le pâle Orcus,
Eumenidesque	et les Euménides
satæ;	*ont été* engendrées *ce jour-là ;*
tum Terra	puis la Terre
partu nefando	par un enfantement abominable

2.

Cœumque Japetumque creat, sævumque Typhœa,
Et conjuratos cœlum rescindere fratres.   280
Ter sunt conati imponere Pelio Ossam
Scilicet[1], atque Ossæ frondosum involvere Olympum :
Ter Pater exstructos disjecit fulmine montes.
Septima post decimam felix et ponere vitem,
Et prensos domitare boves, et licia telæ   285
Addere; nona fugæ melior, contraria furtis.
    Multa adeo gelida melius se nocte dedere,
Aut quum sole novo terras irrorat Eous.
Nocte leves melius stipulæ, nocte arida prata
Tondentur; noctes lentus non deficit humor.   290
    Et quidam seros hiberni ad luminis ignes
Pervigilat, ferroque faces inspicat[2] acuto :
Interea, longum cantu solata laborem ,
Arguto conjux percurrit pectine telas ,
Aut dulcis musti Vulcano decoquit humorem ,   295
Et foliis undam tepidi despumat aheni.
    At rubicunda Ceres medio succiditur æstu,

tement abominable, faire sortir de ses flancs Céc et Japet, et le farouche Typhée, tous ces frères géants conjurés contre le ciel. Trois
fois leur audace s'efforça de mettre l'Ossa sur le Pélion, et de rouler
l'Olympe avec ses forêts sur l'Ossa : trois fois la foudre du père des
dieux renversa ces monts entassés. Le septième jour est, après le
dixième, le plus heureux pour planter la vigne, pour soumettre au
joug les jeunes taureaux, pour commencer à ourdir la toile. Le neuvième est propice à qui veut voyager, et funeste aux voleurs.
    Il est aussi des ouvrages que favorise la fraîcheur des nuits ou la
rosée que l'étoile du matin répand sur la terre aux premiers rayons
du soleil. C'est la nuit que les chaumes légers tombent plus facile-
ment sous la faucille ; c'est la nuit qu'il est à propos de faucher les
prés, trop souvent privés d'eau : l'humidité de la nuit les pénètre et
les ramollit.
    Plusieurs, dans les soirées d'hiver, veillant à la lueur d'une lampe,
s'arment d'un fer tranchant et taillent le bois résineux en forme de
torches. Cependant leur compagne charme par son chant les longues
heures du travail, et fait courir entre les fils de la toile la navette retentissante, ou bouillir dans une chaudière d'airain le vin doux,
dont elle enlève l'écume avec un vert rameau.
    C'est au fort de la chaleur qu'il faut couper les moissons dorées ;
c'est sous les ardeurs du milieu du jour que le fléau dépouille bien

creat Cœumque
Iapetumque,
sævumque Typhœa,
et fratres conjuratos
rescindere cœlum.
Scilicet ter conati sunt
imponere Ossam Pelio,
atque involvere Ossæ
Olympum frondosum :
ter Pater
disjecit fulmine
montes exstructos.
Septima post decimam
felix
et ponere vitem,
et domitare
boves prensos,
et addere licia telæ;
nona melior fugæ,
contraria furtis.

Multa adeo
se dedere melius
nocte gelida,
aut quum sole novo
Eous irrorat terras.
Nocte stipulæ leves,
nocte prata arida
tondentur melius ;
humor lentus
non deficit noctes.

Et quidam pervigilat
ad ignes seros
luminis hiberni,
ferroque acuto
inspicat faces :
interea,
conjux solata cantu
longum laborem,
percurrit telas
pectine arguto,
aut decoquit Vulcano
humorem musti dulcis,
et despumat foliis
undam aheni tepidi.

At Ceres rubicunda
succiditur medio æstu,
et medio æstu

produit et Cée
et Japet,
et le farouche Typhée,
et les frères (géants) ligués-par-serment
pour détruire le ciel.
Trois-fois donc ils s'efforcèrent
de placer le *mont* Ossa sur le Pélion,
et de rouler-sur l'Ossa
l'Olympe feuillu (boisé) :
trois-fois le père *des dieux*
renversa avec la foudre
les montagnes entassées.
Le septième *jour* après le dixième
. *est* heureux (favorable)
et pour planter la vigne,
et pour dompter (soumettre au joug)
les bœufs saisis,
et pour ajouter des fils à la toile ;
le neuvième *est* meilleur pour une fuite (un
il est contraire aux larcins.   [voyage),

Beaucoup-de *travaux* encore
se sont offerts (se font) mieux
dans une nuit froide,
ou lorsque avec le soleil nouveau (levant)
l'*étoile* de-l'Orient couvre-de-rosée la terre.
La nuit les chaumes légers,
la nuit les prés desséchés
se-coupent mieux (plus aisément) ;
une humidité flexible (qui amollit)
ne fait-pas-défaut aux nuits.

Et certain veille
aux feux tardifs
d'une lumière d'-hiver,
et avec un fer aigu
il taille-en-pointe des torches :
cependant,
son épouse qui-console (charme) par *son*
son long travail,   [chant
parcourt les tissus
avec le peigne retentissant,
ou fait-réduire par Vulcain (le feu)
la liqueur du vin-nouveau doux,
et écume avec des feuilles
le liquide de la chaudière tiède.

Mais Cérès (la moisson) rouge (dorée)
se-coupe au-milieu-de la chaleur (l'été),
et au-milieu-de l'été

Et medio tostas æstu terit area fruges.

Nudus ara, sere nudus : hiems ignava colono.

Frigoribus parto agricolæ plerumque fruuntur,   300

Mutuaque inter se læti convivia curant.

Invitat genialis hiems, curasque resolvit :

Ceu pressæ quum jam portum tetigere carinæ,

Puppibus et læti nautæ imposuere coronas.

Sed tamen et quernas glandes tum stringere tempus,   305

Et lauri baccas, oleamque, cruentaque myrta;

Tum gruibus pedicas et retia ponere cervis,

Auritosque sequi lepores; tum figere damas,

Stuppea torquentem Balearis verbera fundæ ¹,

Quum nix alta jacet, glaciem quum flumina trudunt.   310

     Quid tempestates autumni et sidera dicam,

Atque, ubi jam breviorque dies et mollior æstas,

Quæ vigilanda viris? vel, quum ruit imbriferum ver,

Spicea jam campis quum messis inhorruit, et quum

les épis brûlants. Laboure et sème tandis qu'un vêtement léger suffit à tes épaules : l'hiver engourdit les bras des laboureurs et les force au repos. C'est dans la saison froide qu'ils jouissent de ce qu'ils ont amassé pendant l'été, et qu'ils se convient les uns les autres à de gais repas. L'hiver leur inspire la joie, les invite au plaisir et chasse de leurs cœurs les soucis inquiets. Ainsi, quand les navires chargés de richesses arrivent enfin au port désiré, les joyeux matelots couronnent de fleurs leurs poupes triomphantes. Cependant l'hiver a ses travaux aussi : quand une neige épaisse couvre la terre et que les fleuves charrient des glaçons, c'est le temps de cueillir le gland dans les bois, les graines du laurier, et l'olive et le fruit ensanglanté du myrte : alors il faut tendre des pièges aux grues, des filets aux cerfs, suivre à la trace le lièvre aux longues oreilles, et frapper le daim léger en faisant tourner la fronde meurtrière des îles Baléares.

     Dirai-je les tempêtes qu'amènent les constellations orageuses de l'automne? et quels soins doivent occuper le laboureur quand les jours deviennent plus courts et les chaleurs moins vives, ou quand le printemps pluvieux s'avance, que les jaunes épis hérissent les

area terit fruges tostas.	l'aire bat les blés desséchés.
Ara nudus ,	Laboure *étant* nu ,
sere nudus :	sème nu (pendant la chaleur) :
hiems ignava colono.	l'hiver *est* oisif pour le cultivateur.
Frigoribus	Pendant les froids
agricolæ	les cultivateurs
fruuntur plerumque	jouissent la plus grande partie *de la saison*
parto ,	de *ce qu'ils ont* acquis ,
lætique curant inter se	et joyeux ils s'occupent entre eux
convivia mutua.	de festins mutuels.
Hiems genialis invitat,	L'hiver *saison* des-plaisirs *les y* convie ,
resolvitque curas :	et dissipe les soucis :
ceu quum carinæ pressæ	comme quand les vaisseaux chargés
tetigere jam portum ,	ont touché déjà le port,
et nautæ læti	et *que* les matelots joyeux
imposuere puppibus	ont posé-sur les poupes
coronas.	des couronnes.
Sed tamen tempus tum	Mais cependant *c'est* le temps alors
stringere	de cueillir
et glandes quernas ,	et les glands du-chêne,
et baccas lauri, oleamque,	et les baies du laurier, et l'olive ,
myrtaque cruenta ;	et les baies-de-myrte couleur-de-sang ;
tum	alors *c'est le temps*
ponere pedicas gruibus	d'établir des piéges pour les grues
et retia cervis,	et des filets pour les cerfs ,
sequique	et de poursuivre
lepores auritos ;	les lièvres aux longues-oreilles ;
tum	alors *c'est le temps*
figere damas,	de percer (tuer) les daims ,
torquentem	faisant-tourner
verbera stuppea	les courroies d'-étoupe
fundæ Balearis,	de la fronde des-Baléares,
quum nix jacet alta ,	alors-que la neige est-étendue haute,
quum flumina	que les fleuves
trudunt glaciem.	charrient de la glace.
Quid dicam	Que dirai-je
tempestates	des temps
et sidera autumni ,	et des constellations de l'automne ,
atque, ubi jam	et, lorsque déjà
diesque brevior	et le jour *est* plus court
et æstas mollior,	et l'été plus doux,
quæ vigilanda	quels *travaux sont* à-faire-avec-soin
viris?	aux hommes (aux cultivateurs)?
vel, quum ruit	ou, quand vient-avec-rapidité
ver imbriferum,	le printemps qui-apporte-la-pluie,
quum jam messis spicea	lorsque déjà la moisson d'-épis
inhorruit campis,	est hérissée (a grandi) dans les champs,

Frumenta in viridi stipula lactentia turgent? 315
Sæpe ego, quum flavis messorem induceret arvis
Agricola, et fragili jam stringeret hordea culmo,
Omnia ventorum concurrere prælia vidi,
Quæ gravidam late segetem ab radicibus imis
Sublime expulsam eruerent : ita turbine nigro 320
Ferret hiems culmumque levem stipulasque volantes!
Sæpe etiam immensum cœlo venit agmen aquarum,
Et fœdam glomerant tempestatem imbribus atris
Collectæ ex alto nubes; ruit arduus æther,
Et pluvia ingenti sata læta boumque labores 325
Diluit; implentur fossæ, et cava flumina crescunt
Cum sonitu, fervetque fretis spirantibus æquor.
Ipse Pater, media nimborum in nocte, corusca
Fulmina molitur dextra : quo maxima motu
Terra tremit, fugere feræ, et mortalia corda 330
Per gentes humilis stravit pavor. Ille flagranti

guérêts, et qu'un suc laiteux gonfle déjà le grain dans sa verte en-
veloppe? Souvent, au moment où le laboureur livrait à la faucille
des moissonneurs les jaunes épis de ses champs, quand déjà tombait
sous le fer leur frêle chalumeau, j'ai vu les vents déchaînés s'entre-
choquer en d'horribles combats, déraciner au loin les riches moissons, enlever dans les airs l'épi chargé de grains, et emporter dans
de noirs tourbillons le chaume léger et la paille voltigeante. Souvent
aussi j'ai vu s'amonceler dans le ciel d'affreux nuages couvant dans
leurs flancs ténébreux la tempête et les pluies accumulées. Tout à
coup l'éther se fond en eaux, noie de ses torrents les moissons riantes, doux fruits des longs travaux de l'homme et de ses bœufs. Les
fossés sont remplis, les fleuves au lit profond débordent avec fracas,
et la mer en fureur bouillonne dans ses abîmes. Du sein de la nue
ténébreuse le bras étincelant du maître des dieux fait retentir la
foudre : la terre tremble au loin ébranlée; les animaux ont pris la
fuite, et les cœurs des mortels s'humilient dans une sainte épou-

et quum frumenta lactentia	et lorsque les grains laiteux
turgent in stipula viridi?	gonflent dans le chaume vert?
Sæpe, quum agricola	Souvent, lorsque l'agriculteur
induceret messorem	faisait-entrer le moissonneur
arvis flavis,	dans les champs jaunes,
et stringeret jam hordea	et coupait déjà les blés
culmo fragili,	*contenus* dans le chaume fragile,
ego vidi	j'ai vu
omnia prælia ventorum	tous les combats des vents
concurrere,	s'entre-choquer,
quæ eruerent	qui arrachaient
ab radicibus imis	depuis les racines les plus profondes
segetem gravidam late	la moisson chargée (riche) au-loin
expulsam sublime :	chassée (emportée) en-l'air :
turbine ita nigro	avec un tourbillon tellement noir
hiems ferret	l'ouragan emportait
culmumque levem	et le chaume léger
stipulasque volantes !	et les pailles s'envolant !
Sæpe etiam venit cœlo	Souvent aussi vient dans le ciel
agmen immensum	une foule (masse) énorme
aquarum,	d'eaux,
et nubes	et les nuages
collectæ ex alto	réunis du haut *du ciel*
glomerant	amassent (forment)
tempestatem fœdam	une tempête horrible
imbribus atris;	avec des pluies noires;
æther arduus ruit,	l'éther élevé tombe *en torrents d'eau,*
et diluit	et entraîne-en-les-inondant
pluvia ingenti	par une pluie abondante
sata læta	les blés riants
laboresque boum;	et les travaux des bœufs;
fossæ implentur,	les canaux se-remplissent,
et flumina cava	et les fleuves *au-lit*-creux
crescunt cum sonitu,	grossissent avec un grand-bruit,
æquorque fervet	et la plaine *liquide* bouillonne
fretis spirantibus.	dans *ses* détroits (ses eaux) soulevés.
Pater ipse,	Le père *des dieux* lui-même,
in media nocte nimborum,	au milieu-de la nuit des nuages,
molitur fulmina	brandit la foudre
dextra corusca :	de *sa main* droite étincelante :
quo motu	par lequel mouvement
maxima terra tremit,	la très-vaste terre tremble,
feræ fugere,	les bêtes-sauvages ont fui,
et per gentes	et à-travers (dans) les nations
humilis pavor	une humble épouvante
stravit corda mortalia.	a abattu les cœurs des-mortels.
Ille dejicit	Lui (Jupiter) abat (frappe)

Aut Atho, aut Rodopen, aut alta Ceraunia ¹ telo
Dejicit; ingeminant Austri, et densissimus imber;
Nunc nemora ingenti vento, nunc littora plangunt.

Hoc metuens, cœli menses et sidera serva :   335
Frigida Saturni sese quo stella receptet;
Quos ignis cœli Cyllenius ² erret in orbes.

In primis venerare deos, atque annua magnæ
Sacra refer Cereri, lætis operatus in herbis,
Extremæ sub casum hiemis, jam vere sereno.   340
Tunc agni pingues, et tunc mollissima vina ;
Tunc somni dulces, densæque in montibus umbræ.
Cuncta tibi Cererem pubes agrestis adoret;
Cui tu lacte favos et miti dilue Baccho ;
Terque novas circum felix eat hostia fruges ³ :   345
Omnis quam chorus et socii comitentur ovantes.
Et Cererem clamore vocent in tecta ; neque ante
Falcem maturis quisquam supponat aristis
Quam Cereri, torta redimitus tempora quercu,

vante. Cependant le dieu frappe d'un trait enflammé ou l'Athos ou
le Rhodope, ou les monts Cérauniens. La fureur des vents redouble ;
la pluie tombe à torrents ; les forêts mugissent, et la rive au loin
gémit.

Appréhende le retour de tels désastres ; observe le cours des mois
et les signes du ciel qui les amènent. Sache de quel côté se retire la
froide étoile de Saturne, et dans quels cercles tournent les feux errants de Mercure.

Surtout honore les dieux, et, chaque année, quand l'hiver touche
à son déclin, et que déjà le printemps a de beaux jours, offre à Cérès,
sur le riant gazon, des sacrifices solennels. Alors les agneaux sont
gras, les vins sont moins rudes ; alors les coteaux, parés d'un om-
brage plus épais, invitent à un doux sommeil. Que toute la jeunesse
champêtre se joigne à toi pour adorer Cérès : fais-lui toi-même, avec
du miel, du lait, du vin pur délayés ensemble, les libations qu'elle
aime ; que la victime, sur qui reposent tant d'espérances, soit pro-
menée trois fois autour de la moisson nouvelle ; que tes compa-
gnons, formant un chœur, la suivent en triomphe ; que vos vœux ap-
pellent à grands cris Cérès dans vos demeures ; que personne enfin ne
mette la faucille dans les blés mûrs avant que, le front ceint d'un

telo flagranti	de *son* trait enflammé
aut Atho,	ou l'Athos,
aut Rodopen ,	ou le Rhodope,
aut alta Ceraunia;	ou les hauts *monts* Cérauniens;
Austri ingeminant,	les Autans redoublent,
et imber densissimus;	et (ainsi que) la pluie très-épaisse;
nunc nemora ,	tantôt les forêts ,
nunc littora	tantôt les rivages
plangunt vento ingenti.	retentissent par le vent grand (violent).
Mutuens hoc,	Craignant cela,
serva menses	observe les mois
et sidera cœli :	et les constellations du ciel :
quo sese receptet	où se retire
stella frigida Saturni;	l'étoile froide de Saturne;
in quos orbes cœli	dans quels cercles du ciel
erret ignis	erre le feu (l'astre)
Cyllenius.	de-Cyllène (de Mercure).
In primis	Dans les premières *choses* (surtout)
venerare deos ,	honore les dieux ,
atque refer sacra annua	et rapporte (offre) des sacrifices annuels
magnæ Cereri,	à la grande Cérès,
operatus in herbis lætis,	*les* célébrant au milieu des herbes riantes,
sub casum hiemis extremæ,	vers la chute de l'hiver à-sa-fin,
vere jam sereno.	le printemps *étant* déjà serein.
Tunc agni pingues,	Alors les agneaux *sont* gras ,
et tunc vina mollissima;	et alors les vins *sont* très-doux ;
tunc somni dulces,	alors le sommeil *est* agréable ,
umbræque	et les ombres
densæ in montibus.	*sont* épaisses sur les montagnes.
Tibi cuncta pubes agrestis	Qu'à toi toute la jeunesse des-champs
adoret Cererem;	adore Cérès;
cui tu	pour laquelle toi
dilue favos	détrempe des rayons-de-miel
lacte et Baccho miti ;	avec du lait et du Bacchus (vin) doux;
hostiaque felix	et que la victime heureuse (favorable)
eat ter circum fruges novas:	aille trois-fois autour des blés nouveaux:
omnis chorus	que toute la troupe
et socii ovantes	et *tes* compagnons joyeux
comitentur quam,	accompagnent elle (la victime),
et vocent Cererem in tecta	et qu'ils appellent Cérès dans *ta* maison
clamore ;	par *leur* cri;
neque quisquam	et que personne
supponat aristis maturis	ne place-sous les blés mûrs
falcem,	la faucille,
ante quam,	avant que,
redimitus tempora	ceint-autour des tempes
quercu torta,	d'un *rameau de* chêne tortillé,

Det motus incompositos, et carmina dicat.   350
   Atque hæc ut certis possimus discere signis,
Æstusque, pluviasque, et agentes frigora ventos,
Ipse Pater statuit quid menstrua Luna moneret,
Quo signo caderent Austri[1]; quid sæpe videntes
Agricolæ propius stabulis armenta tenerent.   355
   Continuo, ventis surgentibus, aut freta ponti .
Incipiunt agitata tumescere, et aridus altis
Montibus audiri fragor, aut resonantia longe
Littora misceri, et nemorum increbrescere murmur.
Jam sibi tum curvis male temperat unda carinis,   360
Quum medio celeres revolant ex æquore mergi,
Clamoremque ferunt ad littora, quumque marinæ
In sicco ludunt fulicæ, notasque paludes
Deserit, atque altam supra volat ardea nubem.
   Sæpe etiam stellas, vento impendente, videbis   365
Præcipites cœlo labi, noctisque per umbram
Flammarum longos a tergo albescere tractus;

rameau de chêne, il n'ait, d'un pied rustique et sans art, dansé pour
Cérès, et chanté des vers en son honneur.

Afin que les hommes pussent prévoir avec certitude et les chaleurs,
et les pluies, et les vents précurseurs du froid, le père des dieux lui-
même a déterminé d'avance ce que nous annoncerait la Lune, qui re-
naît tous les mois; sous quel signe cesseraient de souffler les vents du
midi, et quel présage souvent observé avertirait le laboureur de
tenir les troupeaux plus près des étables.

Et d'abord, dès que les vents commencent à s'élever, la mer émue
s'agite, enfle ses vagues; des cris stridents s'entendent au haut des
montagnes; de longs mugissements courent au loin sur les rivages
troublés, et les bruits redoublent dans les forêts murmurantes.
L'onde n'épargne qu'à peine les flancs creux du navire, quand les
plongeons, abandonnant la pleine mer, poussent de grands cris et
cherchent le rivage; quand les foulques marines, sortant de l'eau,
s'ébattent sur le sable, et que le héron quitte ses marais et s'élance
au-dessus des nues.

Souvent aussi, aux approches de la tempête, tu verras des étoiles,
se détachant de la voûte céleste, sillonner les ombres de la nuit d'une
longue traînée de lumière; tu verras voltiger la paille légère et la

det Cereri	il ne donne (ne fasse) à *l'honneur de* Cérès
motus	des mouvements (une danse)
incompositos,	mal-cadencés (sans cadence),
et dicat carmina.	et ne dise des vers.
Atque ut possimus	Et pour que nous puissions
discere signis certis	apprendre à des signes certains
hæc,	ces *choses* (les suivantes),
æstusque, pluviasque,	et les chaleurs, et les pluies,
et ventos agentes frigora,	et les vents qui-amènent les froids
Pater ipse statuit	le père *des dieux* lui-même établit
quid moneret	de quoi *nous* avertirait
Luna menstrua,	la Lune qui-renaît-tous-les-mois,
quo signo	sous quelle constellation
Austri caderent;	les Autans devraient-tomber;
quid sæpe videntes	quoi souvent voyant
agricolæ tenerent armenta	les campagnards tiendraient les troupeaux
propius stabulis.	plus près des étables.
Continuo,	D'abord,
ventis surgentibus,	les vents se-levant,
aut freta ponti	ou les détroits de la mer
incipiunt tumescere	commencent à se-gonfler
agitata,	étant agités,
et fragor aridus	et un bruit sec (aigu)
audiri altis montibus,	à être entendu sur les hautes montagnes,
aut littora resonantia longe	ou les rivages retentissant au-loin
misceri,	à être bouleversés,
et murmur nemorum	et le fracas des forêts
increbrescere.	à s'augmenter.
Jam tum unda	Déjà alors l'onde
sibi temperat male	se modère (se contient) mal (avec peine)
carinis curvis,	des vaisseaux courbes (de les engloutir),
quum mergi celeres	quand les plongeons agiles
revolant	reviennent-en-volant
e medio æquore,	du milieu-de la plaine *de la mer*,
feruntque clamorem	et portent (jettent) un cri
ad littora,	vers les rivages,
quumque fulicæ marinæ	et quand les foulques marines
ludunt in sicco,	jouent sur le *sable* sec,
ardeaque	et *que* le héron
deserit paludes notas,	quitte *ses* marais connus (habituels),
atque volat	et vole
supra nubem altam.	au-dessus-de la nue élevée.
Sæpe etiam videbis,	Souvent encore tu verras,
vento impendente,	le vent étant suspendu (menaçant),
stellas præcipites labi cœlo,	des étoiles se-précipitant tomber du ciel,
perque umbram noctis	et à-travers l'ombre de la nuit
longos tractus flammarum	de longues traînées de flammes

Sæpe levem paleam et frondes volitare caducas,
Aut summa nantes in aqua colludere plumas.

At Boreæ de parte trucis quum fulminat, et quum   370
Eurique Zephyrique tonat domus, omnia plenis
Rura natant fossis, atque omnis navita ponto
Humida vela legit. Nunquam imprudentibus imber
Obfuit : aut illum surgentem vallibus imis
Aeriæ fugere grues ; aut bucula, cœlum   375
Suspiciens, patulis captavit naribus auras ;
Aut arguta lacus circum volitavit hirundo ;
Et veterem in limo ranæ cecinere querelam[1].
Sæpius et tectis penetralibus extulit ova
Angustum formica terens iter ; et bibit ingens   380
Arcus[2] ; et e pastu decedens agmine magno
Corvorum increpuit densis exercitus alis.
Jam varias pelagi volucres, et quæ Asia circum
Dulcibus in stagnis rimantur prata Caystri[3],
Certatim largos humeris infundere rores,   385
Nunc caput objectare fretis, nunc currere in undas,
Et studio incassum videas gestire lavandi.

feuille tombée de l'arbre, et des plumes nager en tournoyant à la
surface de l'eau.

Mais si des éclairs partent du côté du nord orageux ; si la foudre
gronde vers les régions d'Eurus et de Zéphyre, les torrents de pluie
inondent les campagnes, et, sur les mers, le matelot se hâte de
ployer ses voiles humides. Jamais l'orage ne surprit les moins at-
tentifs : la grue, à son approche, s'élève du fond des vallées et s'en-
fuit; la génisse, levant la tête et regardant le ciel, ouvre au
souffle des airs ses larges naseaux; l'hirondelle à la voix per-
çante vole sur les bords du lac, et la grenouille, dans la vase de
ses marais, coasse sa plainte éternelle. Souvent la fourmi, cheminant
par d'étroits sentiers, emporte ses œufs et abandonne sa demeure
souterraine ; l'arc-en-ciel plonge dans les eaux dont il s'abreuve, et
de noires légions de corbeaux, revenant de la pâture, font retentir
les airs du battement de leurs ailes. Tu verras aussi tous les divers
oiseaux des mers, et ceux qui paissent dans les prairies du Caystre,
sur les bords délicieux du lac Asia, tantôt humecter leur plumage
d'abondantes rosées, tantôt offrir leur tête au flot écumant, tantôt
s'élancer vers les ondes, et, tressaillant dans l'attente de l'orage, ne

albescere a tergo ; / blanchir (briller) *en se détachant* de *leur*

sæpe paleam levem / souvent *tu verras* la paille légère [dos;

et frondes caducas volitare, / et les feuilles tombées voltiger,

aut plumas nantes / ou des plumes nageant

colludere in summa aqua. / se-jouer à la-surface-de l'eau.

At quum fulminat / Mais lorsque la-foudre-tombe

de parte trucis Boreæ, / du côté du terrible Borée ,

et quum domus / et lorsque la demeure

Eurique Zephyrique tonat, / et d'Eurus et de Zéphyre tonne, [dées)

omnia rura natant / toutes les campagnes nagent (sont inon .

fossis plenis, / par les canaux remplis,

atque ponto omnis navita / et sur mer tout navigateur

legit vela humida. / rassemble *ses* voiles humides.

Nunquam imber obfuit / Jamais la pluie ne s'est présentée

imprudentibus : / *aux laboureurs* ne-prévoyant-pas (à l'im-

aut grues aeriæ / ou les grues aériennes [proviste) :

fugere illum surgentem / ont fui elle qui-s'élève

imis vallibus ; / du-fond des vallées ;

aut bucula , / ou la génisse,

suspiciens cœlum , / regardant le ciel ,

captavit auras / a saisi (senti) les airs

patulis naribus ; / de *ses* larges narines ;

aut hirundo arguta / ou l'hirondelle à-la-voix-perçante

volitavit circum lacus ; / a volé autour des lacs ;

et in limo ranæ / et dans la vase les grenouilles

cecinere veterem querelam. / ont chanté *leur* vieille plainte.

Sæpius et formica / Plus souvent (souvent) aussi la fourmi

terens iter angustum / qui-use (pratique) une route étroite

extulit ova / a sorti *ses* œufs

tectis penetralibus ; / de *sa* demeure retirée;

et ingens arcus bibit ; / et le grand arc boit (pompe les eaux);

et decedens e pastu / et se-retirant de la pâture

magno agmine / en grande troupe

exercitus corvorum / l'armée des corbeaux

increpuit / a fait-du-bruit

alis densis. / de *ses* ailes fréquentes (souvent frappées).

Jam videas / Déjà tu pourrais-voir

varias volucres pelagi, / les divers oiseaux de la mer,

et quæ rimantur circum / et ceux-qui fouillent tout-autour

prata Asia / les prairies du-lac-Asia

in stagnis dulcibus Caystri, / dans les étangs doux du Caystre,

infundere certatim humeris / répandre à-l'envi sur *leurs* épaules (ailes)

largos rores, / d'abondantes rosées,

nunc objectare caput / tantôt présenter *leur* tête

fretis, / aux détroits (aux flots),

nunc currere in undas, / tantôt courir vers les ondes,

et gestire incassum / et tressaillir vainement

Tum cornix plena pluviam vocat improba voce,
Et sola in sicca secum spatiatur arena.
Nec nocturna quidem carpentes pensa puellæ   390
Nescivere hïemem, testa quum ardente viderent
Scintillare oleum, et putres concrescere fungos.

Nec minus ex imbri soles et aperta serena
Prospicere, et certis poteris cognoscere signis.
Nam neque tum stellis acies obtusa videtur;   395
Nec fratris radiis obnoxia surgere Luna;
Tenuia nec lanæ per cœlum vellera ferri;
Non tepidum ad solem pennas in littore pandunt
Dilectæ Thetidi alcyones; non ore solutos
Immundi meminere sues jactare maniplos.   400
At nebulæ magis ima petunt, campoque recumbunt;
Solis et occasum servans de culmine summo
Nequidquam seros exercet noctua cantus.
Apparet liquido sublimis in aere Nisus,
Et pro purpureo pœnas dat Scylla ¹ capillo;   405
Quacumque illa levem fugiens secat æthera pennis,
Ecce inimicus atrox magno stridore per auras

pouvoir contenter à leur gré leur désir de se baigner. Cependant la
sinistre corneille appelle aussi la pluie à grands cris et se promène,
seule et recueillie, sur le sable de la grève; enfin les jeunes filles
elles-mêmes, filant à la lueur de la lampe nocturne, savent présager
la tempête, quand, autour de la mêche en feu qui pétille, elles voient
se former de noirs flocons de mousse consumée.

Il ne te sera pas moins facile, durant la pluie, de prévoir, par des
signes certains, le retour du soleil et des jours sereins : ils s'annoncent par l'éclat vif et brillant des étoiles et par celui de la Lune, qui
semble alors ne plus emprunter à son frère la pureté de ses feux
étincelants. On ne voit plus flotter dans les airs, pareilles à de légers
flocons de neige, les nuées transparentes. Les alcyons, si chers à
Thétis, n'étalent plus leurs ailes au soleil sur le rivage, et le porc
immonde cesse d'éparpiller la paille qu'on délie devant lui. Les
nuées s'abaissent insensiblement et retombent sur les plaines; et la
chouette, sur le faîte des toits, où elle attend le coucher du soleil, ne
traîne plus son lugubre chant du soir. Soudain Nisus plane au haut
des airs transparents, et Scylla va recevoir sa peine pour avoir ravi
à sa tête le cheveu fatal. De quelque côté qu'elle fuie, en fendant de
ses ailes l'éther léger, l'implacable Nisus la poursuit d'un vol bruyant

studio lavandi.	du désir de se-baigner.
Tum cornix improba	Alors la corneille malfaisante
vocat pluviam plena voce,	appelle la pluie à pleine voix,
et spatiatur sola secum	et se-promène seule avec-elle-même
in arena sicca.	sur le sable sec.
Nec puellæ quidem	Et pas même les jeunes filles
carpentes pensa nocturna	qui-filent des tâches nocturnes
nescivere hiemem,	n'ont ignoré la tempête *à venir*,
quum viderent oleum	quand elles voyaient l'huile
scintillare	avoir-une-lueur-vacillante
testa ardente,	dans la lampe en-feu, [sière
et fungos putres	et les champignons qui-tombent-en-pous-
concrescere.	s'accroître.
Nec poteris minus	Et tu pourras non moins (aussi bien)
prospicere ex imbri	prévoir dès la pluie
soles et serena aperta,	le soleil et les *temps* sereins découverts,
et cognoscere signis certis.	et *les* reconnaître à des signes certains.
Nam neque tum	Car ni alors
acies obtusa	un éclat émoussé (faible)
videtur stellis;	n'est vu aux étoiles ;
nec Luna surgere	ni la Lune n'*est vue* se-lever
obnoxia radiis fratris ;	soumise aux rayons de *son* frère ;
nec tenuia vellera lanæ	ni de minces toisons de laine (de petits
ferri per cœlum ;	être portées à-travers le ciel ; [nuages)
alcyones dilectæ Thetidi	les alcyons chéris de Thétis
non pandunt pennas	ne déploient pas *leurs* ailes
in littore	sur le rivage
ad solem tepidum ;	au soleil tiède ;
sues immundi	les porcs immondes
non meminere	ne se-souviennent (ne songent) pas
jactare ore	de (à) lancer de *leur* groin
maniplos solutos.	des poignées-de-foin détachées.
At nebulæ	Mais les nuages
petunt magis ima,	cherchent plutôt les *lieux* les plus bas,
recumbuntque campo ;	et retombent sur le champ ;
et servans occasum solis	et observant le coucher du soleil
de culmine summo	d'un faîte très-élevé
noctua exercet nequidquam	la chouette exerce (fait entendre) en-vain
cantus seros.	*ses* chants du-soir.
Nisus apparet sublimis	Nisus se-montre élevé
in aere liquido,	dans l'air transparent,
et Scylla dat pœnas	et Scylla donne des peines (est punie)
pro capillo purpureo ;	pour le cheveu rouge *qu'elle a coupé ;*
quacumque illa fugiens	partout-où celle-ci fuyant
secat pennis æthera levem,	fend de *ses* ailes l'éther léger,
ecce Nisus insequitur	voilà-que Nisus *la* poursuit
per auras,	à-travers les airs,

Insequitur Nisus; qua se fert Nisus ad auras,
Illa levem fugiens raptim secat æthera pennis.
Tum liquidas corvi presso ter gutture voces   410
Aut quater ingeminant; et sæpe cubilibus altis,
Nescio qua præter solitum dulcedine læti,
Inter se foliis strepitant; juvat, imbribus actis,
Progeniem parvam dulcesque revisere nidos.
Haud equidem credo, quia sit divinitus illis   415
Ingenium, aut rerum fato prudentia major;
Verum, ubi tempestas et cœli mobilis humor
Mutavere vias, et Jupiter uvidus Austris
Densat, erant quæ rara modo, et quæ densa, relaxat,
Vertuntur species animorum, et pectora motus   420
Nunc alios, alios dum nubila ventus agebat,
Concipiunt: hinc ille avium concentus in agris,
Et lætæ pecudes, et ovantes gutture corvi.
    Si vero solem ad rapidum lunasque sequentes
Ordine respicies, nunquam te crastina fallet   425
Hora, neque insidiis noctis capiere serenæ.

et rapide; et de quelque côté que Nisus dirige son vol, Scylla, plus prompte, s'échappe et fend de ses ailes l'éther léger. Alors les corbeaux poussent trois ou quatre fois des cris moins rauques, et dans leur demeure élevée, ressentant je ne sais quelle volupté secrète et inaccoutumée, ils s'ébattent entre eux sous la feuillée, joyeux sans doute de retrouver, après l'orage, leur jeune famille et le nid si doux à leur amour. Je suis loin de penser assurément que la faveur des dieux ait mis en eux quelque étincelle de l'esprit prophétique, ou qu'une loi du destin leur ait donné une intelligence supérieure à leur nature; mais quand les mobiles vapeurs dont l'air est chargé, prenant un autre cours, tour à tour se condensent ou se dilatent sous l'haleine changeante des vents, les êtres animés subissent ces influences diverses, et leurs sensibles organes reçoivent tantôt une impression, tantôt une autre. De là ce concert des oiseaux dans les champs; de là l'allégresse des troupeaux dans les prairies et ces cris de joie que font entendre les corbeaux.

    Si tu observes attentivement la marche du soleil et les phases successives de la lune, jamais tu ne seras trompé sur le temps du lendemain; jamais tu ne te laisseras prendre à l'apparence insidieuse

inimicus, atrox,	hostile, acharné,
magno stridore ;	avec un grand bruit ;
qua Nisus	*partout* où Nisus
se fert ad auras,	se porte (s'élève) vers les airs,
illa fugiens raptim	elle fuyant à-la-hâte (à tire d'aile)
secat pennis æthera levem.	fend de *ses* ailes l'éther léger.
Tum corvi,	Alors les corbeaux,
gutture presso,	*leur* gosier étant resserré,
ingeminant ter aut quater	redoublent trois-fois ou quatre-fois
voces liquidas ;	des cris clairs ;
et sæpe cubilibus altis,	et souvent dans *leurs* lits (nids) élevés,
læti præter solitum	joyeux au-delà-de l'ordinaire
nescio qua dulcedine,	de je ne-sais quel plaisir.
strepitant inter se	ils font-du-bruit (s'ébattent) entre eux
foliis ;	sur les feuilles ;
juvat, imbribus actis,	il *leur* plaît, les pluies étant chassées,
revisere parvam progeniem	de revoir *leur* petite (jeune) progéniture
dulcesque nidos.	et *leur* doux nid.
Haud equidem credo,	Je ne crois assurément pas,
quia sit illis ingenium	*que ce soit* parce qu'il est en eux un génie
divinitus,	par-une-grâce-des-dieux,
aut fato	ou par *une volonté du* destin
prudentia major rerum ;	une prévoyance plus grande des choses ;
verum, ubi tempestas	mais, dès que la tempête
et humor mobilis cœli	et l'humidité mobile (les nuages) du ciel
mutavere vias,	ont changé *leurs* routes,
et Austris	et *qu'*à l'aide des Vents
Jupiter uvidus densat	Jupiter (l'air) humide condense
quæ erant modo rara,	ce-qui était naguère lâche,
et relaxat quæ densa,	et relâche ce-qui *était* condensé,
species animorum	les apparences (dispositions) des esprits
vertuntur,	se-tournent (changent),
et pectora concipiunt motus	et les cœurs perçoivent des émotions
alios nunc,	autres maintenant,
alios	autres *tout à l'heure*
dum ventus agebat nubila :	tandis que le vent poussait les nuages .
hinc ille concentus avium	de là ce concert des oiseaux
in agris,	dans les campagnes,
et pecudes lætæ,	et les troupeaux joyeux (leur joie),
et corvi ovantes	et les corbeaux pleins-d'allégresse
gutture.	par *leur* gosier (dans leur chant).
Si vero respicies	Mais si tu regardes
ad solem rapidum	vers le soleil rapide
lunasque sequentes ordine,	et les lunes qui *se* suivent par ordre,
nunquam hora crastina	jamais l'heure du lendemain
fallet te,	ne trompera toi,
neque capiere insidiis	et tu ne seras pas pris par les tromperies

Luna revertentes quum primum colligit ignes,
Si nigrum obscuro comprenderit aera cornu,
· Maximus agricolis pelagoque parabitur imber.
At, si virgineum suffuderit ore ruborem,   430
Ventus erit; vento semper rubet aurea Phœbe.
Sin ortu in quarto (namque is certissimus auctor)
Pura, neque obtusis per cœlum cornibus ibit,
Totus et ille dies, et qui nascentur ab illo
Exactum ad mensem, pluvia ventisque carebunt;   435
Votaque servati solvent in littore nautæ
Glauco, et Panopeæ, et Inoo Melicertæ.
    Sol quoque et exoriens, et quum se condet in undas,
Signa dabit; solem certissima signa sequuntur,
Et quæ mane refert, et quæ surgentibus astris.   440
Ille ubi nascentem maculis variaverit ortum
Conditus in nubem, medioque refugerit orbe,
Suspecti tibi sint imbres; namque urget ab alto
Arboribusque satisque Notus pecorique sinister.
Aut ubi sub lucem densa inter nubila sese   445
Diversi erumpent radii, aut ubi pallida surget

d'une nuit sereine. Lorsque la lune rassemble de nouveau ses feux renaissants, si tu vois les pointes de son croissant s'assombrir et se perdre dans l'épaisseur des nuages qu'elle embrasse, alors de grandes pluies menacent les laboureurs et les matelots. Mais si le pourpre rougit son front virginal, crains le vent : le pâle front de Phébé rougit toujours au souffle du vent. Si, parvenue à son quatrième jour (et ce présage est certain), elle promène dans le ciel une lumière pure, un arc rayonnant et nettement formé, ce jour-là et tous ceux qui le suivront, jusqu'à la fin du mois, seront exempts de vent et de pluie; et les nautonniers, sauvés de la tempête, acquitteront sur le rivage les vœux qu'ils auront faits à Glaucus, à Panopée et à Mélicerte, fils d'Ino.
    Le soleil, et lorsqu'il se lève et lorsqu'il se replonge au sein de l'onde, te donne aussi des présages, et les présages que donne le soleil ne sont jamais douteux, ni à son lever ni au retour des astres de la nuit. Si donc, au moment où il se lève, il montre son disque naissant semé de taches et à moitié caché derrière un nuage, crains la pluie : je vois déjà s'élever du côté des mers le Notus funeste à tes arbres, à tes moissons et à tes troupeaux. Lorsque le soleil, le matin, est enveloppé d'épais nuages d'où s'échappent çà et là ses rayons épars et brisés, ou que l'Aurore, en quittant la couche dorée de

noctis serenæ.	d'une nuit sereine.
Quum primum Luna	Quand pour-la-première-fois la Lune
colligit ignes revertentes,	rassemble *ses* feux de-retour,
si comprenderit	si elle renferme
cornu obscuro	dans *son* croissant obscur
aera nigrum,	un air noir,
maximus imber parabitur	une très-grande pluie se-préparera
agricolis pelagoque.	pour les cultivateurs et pour la mer.
At, si suffuderit ore	Mais, si elle répand sur *son* visage
ruborem virgineum,	une rougeur virginale,
erit ventus;	il y aura du vent;
Phœbe aurea	Phébé dorée
rubet semper vento.	rougit toujours par le vent.
Sin in quarto ortu	Si-au-contraire au quatrième lever
(namque is auctor	(car *c'est* le garant
certissimus),	le plus certain),
ibit pura per cœlum,	elle va pure à-travers le ciel,
neque cornibus obtusis,	et non avec des cornes émoussées,
et totus ille dies,	et tout ce jour-*là*,
et qui nascentur ab illo	et ceux-qui naîtront depuis lui
ad mensem exactum,	jusqu'au mois accompli,
carebunt pluvia ventisque;	seront-exempts de pluie et de vents
nautæque servati	et les navigateurs sauvés
solvent vota in littore	acquitteront *leurs* vœux sur le rivage
Glauco, et Panopeæ,	à Glaucus, et à Panopée,
et Melicertæ Inoo.	et à Mélicerte fils-d'Ino.
Sol quoque et exoriens,	Le soleil aussi et *en* se-levant,
et quum se condet in undas,	et quand il se cachera dans les eaux,
dabit signa;	donnera des signes;
signa certissima	des signes très-certains
sequuntur solem,	suivent le soleil,
et quæ refert mane,	et ceux-qu'il rapporte (donne) le matin,
et quæ astris surgentibus.	et ceux-qu'*il donne* les astres se-levant.
Ubi ille variaverit maculis	Lorsqu'il aura nuancé de taches
ortum nascentem,	*son* lever naissant,
conditus in nubem,	caché dans un nuage, [de *son* disque,
refugeritque medio orbe,	et se-sera retiré (voilé) de-la-moitié-
imbres sint suspecti tibi;	que les pluies soient suspectes à toi;
namque Notus	car le Notus
urget ab alto,	menace *venant* de la haute *mer*,
sinister arboribusque	funeste et aux arbres
satisque pecorique.	et aux blés et au troupeau.
Aut ubi radii	Ou lorsque *ses* rayons
sub lucem	à-l'approche-de la lumière
sese erumpent diversi	s'échapperont en-sens-divers,
inter nubila densa,	entre (à travers) les nuages serrés
aut ubi Aurora	ou lorsque l'Aurore

Tithoni croceum linquens Aurora cubile,
Heu! male tum mites defendet pampinus uvas,
Tam multa in tectis crepitans salit horrida grando!

Hoc etiam, emenso quum jam decedet Olympo,   450
Profuerit meminisse magis: nam sæpe videmus
Ipsius in vultu varios errare colores:
Cæruleus pluviam denuntiat, igneus Euros.
Sin maculæ incipient rutilo immiscerier igni,
Omnia tunc pariter vento nimbisque videbis   455
Fervere: non illa quisquam me nocte per altum
Ire, neque a terra moneat convellere funem.
At si, quum referetque diem, condetque relatum,
Lucidus orbis erit, frustra terrebere nimbis,
Et claro silvas cernes Aquilone moveri.   460
Denique, quid Vesper serus vehat, unde serenas
Ventus agat nubes, quid cogitet humidus Auster,
Sol tibi signa dabit. Solem quis dicere falsum
Audeat? Ille etiam cæcos instare tumultus

Tithon, montre un visage pâle et décoloré, hélas! quelle horrible
grêle va se précipiter, serrée et retentissante, sur ton toit, et que le
pampre défendra faiblement contre ses coups tes raisins déjà mûrs!

Mais tu dois, plus attentivement encore, observer le soleil à l'heure
où, après avoir parcouru sa carrière, il est sur le point de quitter
les cieux. Souvent alors il peint son front de mille couleurs chan-
geantes. Les taches d'un sombre azur t'annoncent la pluie; le pourpre enflammé, le vent; mais si le rouge et le bleu se mêlent et se
confondent, la pluie et les vents réunis feront à l'envi d'affreux ravages. Que personne, en cette nuit horrible, ne me propose de cou-
per le câble qui me retient au rivage et d'aller affronter les périls de
la mer. Si, au contraire, en nous ramenant ou en nous retirant le
jour, son orbe se montre clair et radieux, les nuages ne te feront
que de vaines menaces, et, sous un ciel pur, l'Aquilon seul balancera
la cime des forêts. C'est le soleil enfin qui t'apprendra ce que l'étoile
du soir te réserve pour le lendemain, quel vent amène les nuées pures
et sereines, et quels ravages prépare l'humide Auster. Qui oserait
accuser le soleil d'imposture, lui qui nous annonce souvent les com-

surget pallida	se-lèvera pâle
linquens cubile croceum	quittant le lit de-safran (doré)
Tithoni,	de Tithon,
heu! pampinus	hélas! le pampre
defendet male tum	défendra mal alors
uvas mites,	*les* raisins doux (mûrs),
tam multa horrida grando	si drue l'horrible grêle
salit crepitans in tectis!	rebondit *en* craquant sur les toits!
Hoc etiam,	De ceci encore,
quum jam decedet	lorsque déjà il se-retirera
Olympo emenso,	de l'Olympe parcouru,
profuerit meminisse magis :	il sera-utile de se-souvenir davantage :
nam sæpe videmus	car souvent nous voyons
colores varios	des couleurs diverses
errare in vultu ipsius :	errer (se répandre) sur le visage de lui :
cæruleus	*étant* couleur-d'azur (sombre)
denuntiat pluviam,	il annonce la pluie,
igneus Euros.	*étant* de-feu *il annonce* les Eurus (les vents).
Sin maculæ	Si-au-contraire des taches *bleues*
incipient	commencent
immiscerier igni rutilo,	à se-mêler à *son* feu roux (ardent),
tunc videbis omnia	alors tu verras tout
fervere pariter	bouillonner (être agité) pareillement
vento nimbisque :	par le vent et par les nuages (la pluie) :
illa nocte	pendant cette nuit-*là*
non quisquam moneat me	que personne n'engage moi
ire per altum,	à aller à-travers la haute *mer*,
neque convellere funem	ni à détacher le câble
a terra.	de la terre.
At si,	Mais si,
quum referetque diem,	lorsque et il ramènera le jour,
condetque relatum,	et il cachera le *jour* ramené,
orbis erit lucidus,	*son* cercle est clair,
frustra terrebere nimbis,	en-vain tu seras effrayé par les nuages,
et cernes silvas moveri	et tu verras les forêts être remuées
Aquilone claro.	par l'Aquilon clair (sonore).
Denique,	Enfin,
quid Vesper serus vehat,	ce-que le soir tardif apporte,
unde ventus	d'où le vent
agat nubes serenas,	pousse les nuages sereins,
quid cogitet	ce-que médite
humidus Auster,	l'humide Auster,
sol dabit signa tibi.	le soleil *en* donnera les signes à toi.
Quis audeat dicere	Qui oserait dire
solem falsum?	le soleil *être* trompeur?
Ille etiam monet sæpe	Lui encore avertit souvent
tumultus cæcos instare,	des troubles *encore* cachés menacer,

Sæpe monet, fraudemque et operta tumescere bella.   465
   Ille etiam exstincto miseratus Cæsare Romam[1],
Quum caput obscura nitidum ferrugine texit,
Impiaque æternam timuerunt sæcula noctem.
Tempore quanquam illo tellus quoque, et æquora ponti,
Obscenique canes, importunæque volucres,   470
Signa dabant. Quoties Cyclopum effervere in agros
Vidimus undantem, ruptis fornacibus, Ætnam,
Flammarumque globos, liquefactaque volvere saxa !
Armorum sonitum toto Germania cœlo
Audiit, insolitis tremuerunt motibus Alpes.   475
Vox quoque per lucos vulgo exaudita silentes
Ingens; et simulacra modis pallentia miris
Visa sub obscurum noctis ; pecudesque locutæ,
Infandum ! sistunt amnes, terræque dehiscunt;
Et mœstum illacrimat templis ebur, æraque sudant.   480
Proluit insano contorquens vortice silvas
Fluviorum rex Eridanus, camposque per omnes

plots encore renfermés dans les abîmes des cœurs, les perfidies ca
chées, et les guerres qui fermentent dans l'ombre?

   Le soleil, quand César cessa de vivre, eut pitié de Rome, et,
s'associant à sa douleur, voila son front brillant d'un crêpe lugubre :
le siècle impie craignit une nuit éternelle. Dans ces temps malheureux, tout nous donna des avertissements, et la terre, et les mers, et
les hurlements des chiens, et les cris importuns des oiseaux funèbres.
Combien de fois alors ne vîmes-nous pas l'Etna, rompant ses four-
naises, se répandre à gros bouillons dans les champs des Cyclopes,
et rouler des tourbillons de flammes et des rocs liquéfiés? La Germa-
nie entendit le bruit des armes retentir au loin dans le ciel, et les
Alpes ressentirent des tremblements jusqu'alors inconnus. Des voix
lamentables troublèrent le silence des bois; des fantômes d'une af-
freuse pâleur se montrèrent errants dans l'obscurité des nuits; et,
prodige inouï ! les bêtes parlèrent. Les fleuves suspendent leur cours,
la terre entr'ouvre ses abîmes; on voit dans les temples l'ivoire
pleurer et l'airain se couvrir de sueur. Le roi des fleuves lui-même,
l'Éridan, furieux et franchissant ses rivages, emporte dans ses
tourbillons les forêts déracinées , et roule à travers les campagnes les

fraudemque	et la perfidie (les complots)
et bella operta	et les guerres *encore* couvertes
tumescere.	s'enfler (fermenter).
Ille etiam	Lui encore
miseratus Romam,	*fut* ayant-pitié-de Rome
Cæsare exstincto,	César étant mort,
quum texit caput nitidum	lorsqu'il couvrit *sa* tête brillante
ferrugine obscura,	d'une rouille sombre,
sæculaque impia	et *que* les générations impies
timueruntnoctem æternam.	craignirent une nuit éternelle.
Quanquam illo tempore	Quoique dans ce temps-*là*
tellus quoque,	la terre aussi,
et æquora ponti,	et les plaines de la mer,
canesque obsceni,	et les chiens de-mauvais-augure,
volucresque importunæ,	et les oiseaux de-fatal-présage,
dabant signa.	donnaient des signes.
Quoties vidimus	Combien-de-fois *n*'avons-nous *pas* vu
Ætnam undantem,	l'Etna bouillonnant,
fornacibus ruptis,	*ses* fournaises étant rompues (ouvertes)
effervere	se-répandre-à-gros-bouillons
in agros Cyclopum,	dans les champs des Cyclopes,
volvereque	et rouler
globos flammarum	des tourbillons de flammes
saxaque liquefacta !	et des roches liquéfiées !
Germania audiit toto cœlo	La Germanie entendit dans tout le ciel
sonitum armorum,	le bruit des armes,
Alpes tremuerunt	les Alpes tremblèrent
motibus insolitis.	de secousses inaccoutumées.
Ingens vox quoque	Une grande voix aussi
exaudita vulgo	*fut* entendue çà-et-là
per lucos silentes;	dans les bois silencieux;
et simulacra	et des fantômes
pallentia modis miris	pâles d'une façon étrange
visa sub obscurum noctis;	*furent* vus dans l'obscurité de la nuit;
pecudesque locutæ,	et les bêtes *furent* parlant,
infandum !	*prodige* inouï !
amnes sistunt,	les fleuves s'arrêtent,
terræque dehiscunt;	et les terres s'entr'ouvrent;
et ebur mœstum	et l'ivoire triste (les statues affligées)
illacrimat templis,	pleure dans les temples,
æraque sudant.	et l'airain sue.
Rex fluviorum Eridanus	Le roi des fleuves l'Éridan
proluit silvas	inonda les forêts
contorquens	*les* faisant-tourner (les entraînant)
vortice insano,	dans *son* cours insensé (fougueux),
tulitque armenta	et il emporta les troupeaux
cum stabulis	avec les étables

Cum stabulis armenta tulit. Nec tempore eodem
Tristibus aut extis fibræ apparere minaces,
Aut puteis manare cruor cessavit, et altæ   485
Per noctem resonare lupis ululantibus urbes.
Non alias cœlo ceciderunt plura sereno
Fulgura, nec diri toties arsere cometæ.

Ergo inter sese paribus concurrere telis
Romanas acies iterum videre Philippi [1];   490
Nec fuit indignum Superis bis sanguine nostro
Emathiam et latos Hæmi pinguescere campos.
Scilicet et tempus veniet quum finibus illis
Agricola, incurvo terram molitus aratro,
Exesa inveniet scabra rubigine pila,   495
Aut gravibus rastris galeas pulsabit inanes,
Grandiaque effossis mirabitur ossa sepulcris.

Di patrii Indigetes, et Romule, Vestaque mater,
Quæ Tuscum Tiberim et Romana palatia servas,
Hunc saltem everso juvenem succurrere sæclc   500

étables et les troupeaux. Alors les entrailles des victimes n'offraient que des fibres menaçantes; le sang coula des fontaines, et la nuit les cités retentissaient des tristes hurlements des loups. Jamais la foudre ne tomba plus souvent dans un temps serein; jamais tant de comètes flamboyantes ne s'allumèrent dans les cieux.

Aussi les plaines de Philippes ont mis deux fois les Romains aux prises avec les Romains; deux fois les dieux ont vu la Thessalie et les champs de l'Hémus s'engraisser de notre sang. Hélas! un jour viendra que le laboureur, en traçant des sillons dans ces plaines fatales, rencontrera, sous le soc de sa charrue, des javelots rongés par la rouille, heurtera de ses pesants rateaux des casques vides, et contemplera dans leurs tombeaux découverts les grands ossements de nos pères.

Dieux de la patrie, dieux Indigètes, Romulus, et toi, auguste Vesta, qui veillez sur le Tibre toscan et sur les collines romaines, permettez du moins que ce jeune héros vienne en aide à ce siècle en

per omnes campos.
Nec eodem tempore
aut fibræ minaces
apparere
extis tristibus,
aut cruor cessavit
manare puteis,
et urbes altæ
resonare per noctem
lupis ululantibus.
Plura fulgura
non ceciderunt alias
cœlo sereno,
nec cometæ diri
arsere toties.
  Ergo Philippi
videre iterum
acies Romanas
concurrere inter sese
telis paribus;
nec fuit indignum
Superis
Emathiam
et latos campos Hæmi
pinguescere bis
nostro sanguine.
Scilicet et tempus veniet
quum illis finibus
agricola, molitus terram
aratro incurvo,
inveniet pila
exesa rubigine scabra,
aut pulsabit
rastris gravibus
galeas inanes,
mirabiturque
grandia ossa
sepulcris
effossis.
  Di patrii Indigetes,
et Romule,
Vestaque mater,
quæ servas
Tiberim Tuscum
et palatia Romana,
saltem ne prohibete
hunc juvenem

à-travers toutes les campagnes.
Et dans le même temps
ou (ni) des fibres menaçantes
ne cessèrent de se-montrer
dans les entrailles de-triste-augure,
ou (ni) le sang ne cessa
de couler dans les puits,
et (ni) les villes profondes
ne cessèrent de retentir pendant la nuit
de loups hurlant.
Plus-de coups-de-foudre
ne sont tombés une-autre-fois (jamais)
d'un ciel serein, ·
et des comètes effrayantes
n'ont brillé *jamais* tant-de-fois.
  Aussi *les champs de* Philippes
virent une-seconde-fois
les armées romaines
se-heurter entre elles
avec des armes pareilles:
et il ne fut pas déplaisant (il plut)
aux *dieux* d'-en-haut
l'Émathie
et les vastes champs de l'Hémus
s'engraisser deux-fois
de notre sang. ·
Sans-doute un temps aussi viendra
lorsque dans ces confins (pays)
le cultivateur, travaillant la terre
avec la charrue recourbée,
trouvera des javelots
rongés par une rouille rude *au toucher*,
ou heurtera
avec les hoyaux pesants
des casques vides,
et regardera-avec-étonnement
de grands ossements
les tombeaux
ayant été ouverts-en-creusant.
  Dieux de-la-patrie Indigètes,
et *toi* Romulus,
et *toi* Vesta mère (auguste),
qui gardes (protéges)
le Tibre toscan
et les collines romaines,
du-moins n'empêchez pas
ce jeune-homme

Ne prohibete! Satis jampridem sanguine nostro
Laomedonteæ luimus perjuria Trojæ [1].
Jampridem nobis cœli te regia, Cæsar,
Invidet, atque hominum queritur curare triumphos :
Quippe ubi fas versum atque nefas; tot bella per orbem;   505
Tam multæ scelerum facies; non ullus aratro
Dignus honos; squalent abductis arva colonis,
Et curvæ rigidum falces conflantur in ensem.
Hinc movet Euphrates, illinc Germania bellum [2];
Vicinæ, ruptis inter se legibus, urbes   510
Arma ferunt; sævit toto Mars impius orbe.
Ut, quum carceribus sese effudere quadrigæ,
Addunt in spatia, et, frustra retinacula tendens,
Fertur equis auriga, neque audit currus habenas.

ruine. Nous avons assez payé de notre sang les parjures de Troie et
de la race de Laomédon. Depuis longtemps déjà, ô César, le ciel
t'envie à la terre et se plaint que de vains triomphes t'arrêtent encore
parmi les hommes. Et pourtant quel spectacle pour tes yeux! Le
juste et l'injuste partout confondus, la guerre allumée de toutes
parts, le crime se multipliant sous toutes les formes, la charrue
négligée et sans honneur, les campagnes d'où le laboureur a été
arraché, languissant incultes et désolées, et la faux de Cérès con-
vertie en glaive homicide; tandis que d'un côté l'Euphrate, et, de
l'autre, le Danube, se préparent à la guerre; que les villes, rompant
les antiques traités et tout lien de voisinage, s'arment les unes contre
les autres, et que Mars remplit l'univers entier de ses fureurs im-
pies. Ainsi quand les quadriges, s'élançant hors des barrières, volent
dans l'espace, le conducteur, emporté par les rapides coursiers, en
vain se roidit et retient les rênes : le char n'écoute plus ni la voix ni
le frein.

succurrere	de porter-secours
sæclo everso !	à ce siècle détruit (en ruine) !
Satis jampridem	Depuis assez longtemps déjà
luimus nostro sanguine	nous lavons (payons) de notre sang
perjuria	les parjures
Trojæ Laomedonteæ.	de la Troie de-Laomédon.
Jampridem, Cæsar,	Depuis-longtemps, César,
regia cœli invidet te nobis,	le palais du ciel envie toi à nous,
atque queritur curare	et se-plaint toi t'occuper
triumphos hominum :	des triomphes des hommes :
quippe ubi	car où (là, chez les hommes)
fas atque nefas	le permis et l'illicite
versum ;	a été retourné (pratiqué) ;
tot bella	tant-de guerres
per orbem ;	ont été faites dans l'univers ;
facies scelerum tam multæ;	les espèces des crimes sont si nombreuses;
non ullus honos dignus	aucun honneur digne (assez grand)
aratro ;	n'est à la charrue ;
arva squalent,	les campagnes sont-incultes,
colonis abductis,	les colons en ayant été emmenés,
et falces curvæ conflantur	et les faux courbes sont fondues
in ensem rigidum.	pour en faire une épée roide (droite).
Hinc Euphrates,	D'un-côté l'Euphrate,
illinc Germania	de-l'autre la Germanie
movet bellum ;	met-en-mouvement(commence)la guerre;
urbes vicinæ,	les villes voisines,
legibus ruptis inter se,	les traités étant rompus entre elles,
ferunt arma ;	portent (prennent) les armes ;
impius Mars sævit	l'impie Mars se-déchaîne
toto orbe.	dans tout l'univers.
Ut, quum quadrigæ	Comme, lorsque les quadriges
sese effudere	se sont répandus (lancés)
carceribus,	hors de leurs prisons,
addunt in spatia,	ils ajoutent les espaces aux espaces,
et, tendens frustra	et, tendant en-vain
retinacula,	les brides,
auriga fertur equis,	le conducteur est emporté par les chevaux,
neque currus	et le char
audit habenas.	n'obéit pas aux rênes.

NOTES.

Page 2 : 1. *Clarissima mundi lumina*, se rapporte, selon les meilleurs commentaires, à Cérès et à Bacchus ; quelques-uns cependant ont voulu l'entendre du soleil et de la lune.

— 2. *Chaoniam.... poculaque. ... Acheloia*. — *Chaoniam*, la Chaonie, province maritime de l'Épire, entre la Thesprotie et les monts Acrocérauniens. — *Acheloia*, l'Achéloüs est un fleuve de la Grèce, qui sépare l'Acarnanie de l'Étolie, et qui se jette dans la mer vis-à-vis des îles Échinades. C'est sur ses bords que la fable place la mort du centaure Nessus. L'Achéloüs est l'*Aspropotamo* actuel.

— 3. *Præsentia numina. Præsens*, a ici le sens de *favorable*, propice, comme nous l'avons déjà vu, églogue I, vers 41.

— 4. *Ceæ*. Cée est une des Cyclades dans la mer Égée. Il s'agit ici d'Aristée, fils d'Apollon et de Cyrène, qui se retira dans cette île après la funeste aventure de son fils Actéon. Voyez au IVᵉ livre des *Géorgiques*, le touchant épisode : *Pastor Aristæus, etc.*

Page 4 : 1. *Tegeæ*. Pan est appelé *Tegeæus*, de *Tegea*, ville d'Arcadie, où il était particulièrement honoré.

— 2. *Puer monstrator aratri ; et teneram abˑ radice ferens, Silvane, cupressum*. — *Puer monstrator* désigne Triptolème, suivant les uns ; Osiris, suivant les autres. — *Silvane*, Silvain, dieu champêtre qui présidait aux forêts, et qui aimait le jeune Cyparisse, changé en cyprès par Apollon.

— 3. *Urbesne invisere.... terrarumque velis curam*. Le verbe *invisere* régit à la fois les deux substantifs *urbes* et *curam*. Avec le premier, il garde son sens propre ; avec l'autre, il faut ajouter l'idée d'un autre verbe, tel par exemple que *suscipere*.

— 4. *Ultima Thule*, l'île de Thulé. On croit que c'était l'Islande ou les îles de Shetland, ou le Jutland. C'était dans tous les cas la limite la plus reculée de la géographie ancienne vers le nord, et l'épithète *ultima* l'accompagne toujours.

Page 6 : 1. *Erigonen....* Érigone est le même signe que la Vierge. Du temps de Virgile on connaissait peu le signe de la Balance. L'espace du ciel compris entre la Vierge et le Scorpion était rempli par les serres de ce dernier : ainsi le Scorpion occupait seul l'étendue de soixante degrés, quoique chaque signe n'en eût que trente. La Balance préside au mois de septembre.

— 2. *Incipiat jam tum mihi. Mihi* est ici un pronom explétif ; les exemples en sont innombrables dans Virgile.

Page 8 : 1. *Tmolus*. Ce mont est sur les confins de la grande Phrygie et de la Lydie ; il est fertile en vins et en safran. — *Nonne vides....*

ut.... mittit? D'après les règles de la grammaire, il faudrait *mittat ;* mais *nonne vides ut* est souvent une formule d'énumération, et n'a pas plus de valeur que *præterea, porro.*

— 2. *Virosaque Pontus castorea.* Le castoreum est d'un très-grand usage en médecine : c'est un puissant soporifique. Lucrèce a dit :

> *Castoreoque gravis mulier sopita recumbit.*

Page 10 : 1. *Arcturum.* L'Arcturus est une étoile de la première grandeur dans le signe du Bootès (Bouvier), près de la queue de la grande Ourse. Du temps de Virgile son lever cosmique arrivait au commencement de septembre; il arrive aujourd'hui au commencement d'octobre.

— 2. *Alternis idem tonsas cessare novales.* Par *novales*, Pline entend une terre qu'on ensemence de deux ans l'un.

Page 12 : 1. *Multum adeo, rastris glebas qui frangit inertes, etc.* Les Romains brisaient d'abord la terre avec des râteaux, et l'aplanissaient ensuite en y traînant des claies. Columelle semble avoir voulu consacrer le précepte donné par notre poëte, en disant après lui : *Glebas sarculis resolvere, et inducta crate coæquare.*

— 2. *Mysia.... Gargara messes. Mysia*, la Mysie asiatique le long de la mer Égée. Il y a dans cette province une montagne et une ville du nom de *Gargara.* Comme les peuples de ce pays devaient moins leurs belles moissons à l'industrie qu'à la bonté du sol, Virgile a dit très-bien :

> *Ipsa suas mirantur Gargara messes.*

Page 14 : 1. *Incertis.... mensibus.* La Fontaine songeait sans doute à ce vers de Virgile qui désigne les mois douteux de l'automne, quand il disait (liv. VI, fable III) :

> Il pleut, le soleil luit, et l'écharpe d'Iris
>   Rend ceux qui sortent avertis
> Qu'en ces mois le manteau leur est fort nécessaire :
> Les anciens les nommaient douteux pour cette affaire.

— 2. *Strymoniæque grues.* Virgile parle de la grue comme d'un oiseau funeste aux moissons. Ces oiseaux se trouvent en foule sur les bords du Strymon, fleuve de la Thrace. Quand ils sont attroupés, un d'entre eux se met un peu à l'écart, se pose sur un pied et fait sentinelle; de là : *Faire le pied de grue*, pour dire attendre quelqu'un longtemps.

Page 16 : 1. *Pleiadas, Hyadas, claramque Lycaonis Arcton.* Les Pléiades sont sept étoiles placées sur le cou du Taureau; les Hyades sont sept autres étoiles placées sur le front du Taureau. — *Arcton.* Calisto, fille de Lycaon, eut de Jupiter un fils nommé Arcas. Junon les changea l'un et l'autre en ours; mais Jupiter les plaça au ciel près du pôle arctique : c'est la grande et la petite Ourse.

Page 22 : 1. *Quum se nux.... induet in florem.* Construction poéti-

que, au lieu de *induet flore.* On trouve aussi, *Énéide*, liv. VII,
vers 20 : *Quos.... induerat Circe in vultus ac terga ferarum.* Au
contraire, en prose, Columelle, IV, 24, 12 : *Vites induunt se uvis.*
Plus loin, liv. IV des *Géorgiques*, vers 142, nous trouverons :

> *Quotque in flore novo pomis se fertilis arbos*
> Induerat.

Page 24 : 1. *Abydi*, Abydos, aujourd'hui *Nagara-Bouroun*, sur
l'Hellespont, à l'endroit le plus resserré du détroit, vis-à-vis de
Sestos, en Europe ; Virgile l'appelle *ostrifer*, à cause des huîtres
excellentes qu'on pêchait sur cette côte.

— 2. *Die*, pour *diei.* De même Horace, Odes, III, VII, 4 : *Con-
stantis juvenem fide.* Et Ovide :

> *Utque fide pignus dextras utriusque poposcit.*

Page 26 : 1. *Candidus auratis aperit quum cornibus annum Taurus...
Canis occidit....* C'est par le Bélier que commence l'année astronomi-
que ; mais, comme c'est au mois d'avril que la terre ouvre son sein, et
que avril (*aprilis*) et ouvrir (*aperire*) ont une même étymologie, Virgile a jugé à propos de faire *ouvrir* l'année rurale par le signe du
Taureau, où le soleil entre le 22 avril. Virgile donne au Taureau
deux cornes dorées, parce que chacune de ses cornes a une étoile
très-brillante : l'une de ces étoiles est de la seconde grandeur, l'autre de la troisième. — *Canis occidit.* Il s'agit du coucher héliaque de
la Canicule, lorsque, étant engagée dans les rayons du soleil, elle
cesse d'être aperçue.

— 2. *Eoæ Atlantides abscondantur.* Virgile veut parler du coucher
cosmique des Pléiades, lorsque le matin elles descendent sous l'horizon en même temps que le soleil se lève. L'une de ces étoiles s'appe-
lait *Maia.* Les Pléiades étaient filles d'Atlas, *Atlantides.*

— 3. *Gnosiaque ardentis decedat stella Coronæ.* Il s'agit ici du lever
héliaque de la Couronne d'Ariane, lorsque, s'étant dégagée des
rayons du soleil, elle commence à se faire voir. Ariane était fille
de Minos, roi de l'île de Crète, où était Gnosse : de là *Gnosia stella.*

Page 28 : 1. *Cadens.... Bootes.* Il s'agit du coucher achronique du
Bouvier ou *Arcturus*, ou gardien de l'Ourse, lorsqu'une partie de ses
étoiles descend sous l'horizon. Ce coucher répond, suivant Columelle, au 21 d'octobre ; il a lieu aujourd'hui plus tard.

— 2. *Glacie concretæ atque imbribus atris. Concretæ* ne se rapporte
à *imbribus* que par attraction, et n'a son sens propre qu'en le joi-
gnant à *glacie.*

— 3. *Mundus ut ad Scythiam Riphæasque....* Virgile parle ici des
pôles et de leur élévation relative à l'horizon de chaque peuple. — *Ri-
phæas*, chaîne de montagnes que les poëtes confondent souvent avec
les monts Hyperboréens. Il faut chercher les monts Riphées dans la
Sarmatie, au-dessus des Palus-Méotides. Ces montagnes étaient géné-
ralement, pour les anciens, le point le plus reculé vers le nord, et ils

l'éloignaient de plus en plus, à mesure qu'ils acquéraient des connaissances géographiques plus étendues.

Page 30 : 1. *Maximus hic flexu sinuoso elabitur Anguis*, etc. La constellation du Dragon atteint de sa queue la grande Ourse et embrasse la petite Ourse, *Oceani metuentes....* qui craignent de toucher l'Océan. Ces derniers mots sont une manière poétique d'exprimer que ces constellations sont toujours sur l'horizon. Voyez la fable de Calisto.

— 2. *Illic, ut perhibent....* Les anciens croyaient que le soleil n'éclairait point l'autre hémisphère. Virgile soupçonne cependant que cet astre, en nous quittant, luit pour le pôle inférieur, c'est-à-dire pour les antipodes. *Hic, illic* : il distingue par là notre pôle et celui qui lui est opposé. Lucrèce avait, comme Virgile, soupçonné l'existence du double hémisphère.

Page 32 : 1. *Amerina.... retinacula.* Il croissait beaucoup d'osiers et de saules près d'Amérie, ville d'Ombrie. L'osier y était si commun, qu'il en a pris le nom d'*Amerina.*

Page 34 : 1. *Scilicet* a ici la même valeur que les particules homériques δή ou ῥα.

— 2. *Faces inspicat.* Métaphore tirée de l'épi. Cette expression est propre à Virgile.

Page 36 : 1. *Stuppea torquentem Balearis verbera fundæ.* Les habitants des Baléares (îles Majorque, Minorque, etc.) passaient, dans l'antiquité, pour les meilleurs archers qui fussent connus. Ils employaient des balles de plomb, qu'ils envoyaient avec tant de vigueur, qu'elles arrivaient toutes brûlantes, comme nos balles de fusil. Ovide le dit (*Met.* lib. II, v. 729) :

> *Non secus exarsit, quam quum Balearica plumbum*
> *Funda jacit : volat illud, et incandescit eundo.*

Page 40 : 1. *Aut Atho, aut Rodopen, aut alta Ceraunia.* Ce vers est imité de Théocrite, VII, 77 :

> Ἢ Ἄθω, ἢ Ῥοδόπαν, ἢ Καύκασον ἐσχατόεντα.

Le mont *Athos* est dans la Macédoine, le mont *Rhodope* dans la Thrace, et les monts Cérauniens (aujourd'hui *della Chimera*) dans l'Épire.

— 2. *Ignis.... Cyllenius.* La planète de Mercure, fils de Jupiter et de Maia, né sur le mont *Cyllène*, en Arcadie.

— 3. *Terque novas circum felix eat hostia fruges, etc.* Ces fêtes s'appelaient *Ambarvalia, Ambarvales,* parce que la victime faisait le tour des moissons, *ambiret arva.*

> On ne voit point les champs répondre aux soins du maître,
> Si dans les jours sacrés, autour de ses guérets,
> Il ne marche en triomphe en l'honneur de Cérès.
>
> (La Fontaine, *les Filles de Minee.*)

Page 42 : 1. *Quo signo caderent Austri.* Le verbe *cadere* a bien ici le sens que nous donnons au verbe français *tomber*, en parlant du vent. De même, *Énéide*, I, 154 : *Omnis pelagi cecidit fragor.* Églogue IX, v. 58 : *Ventosi ceciderunt murmuris auræ.* Il ne faut donc pas l'entendre dans le sens de tomber, s'abattre sur la terre.

Page 44 : 1. *Veterem.... ranæ cecinere querelam.* Allusion à ces paysans insolents qui furent changés en grenouilles, pour avoir injurié Latone, lorsqu'elle implorait leur secours.

— 2. *Et bibit ingens Arcus.* Les anciens croyaient que l'arc-en-ciel pompait les eaux de la mer. On trouve chez les poëtes plusieurs allusions à ce préjugé. Dans une comédie de Plaute, quelqu'un, voyant boire une femme vieille et courbée, dit plaisamment :

Ecce autem bibit arcus : pluet, credo, hodie.

— 3. *Asia.... prata Caystri. Asia*, était un lac dans la Lydie, entre les rives du Caïstre et le mont Tmolus. — Le *Caïstre* ou *Caystre*, aujourd'hui *Kitchek-Meinder*, c'est-à-dire *Petit-Méandre*, rivière de Lydie, qui se jette dans la mer Égée, près d'Éphèse. Cette rivière est souvent citée dans les poëtes de l'antiquité. On voyait un grand nombre de cygnes sur ses bords.

Page 46 : 1. *Nisus,... Scylla.* Nisus, roi de Mégare, avait un cheveu couleur de pourpre, dont dépendait le sort de son royaume. Scylla, sa fille, éprise de Minos, qui assiégeait Mégare, lui coupa ce cheveu fatal. Nisus fut changé en épervier, et Scylla en alouette. Depuis ce temps-là, le père, pour se venger de sa fille, la poursuit sans cesse.

Page 54 : 1. *Ille etiam exstincto miseratus Cæsare Romam, etc.* Tous ces prodiges, qui précédèrent ou suivirent la mort de César, sont rapportés par différents auteurs, Pline, Appien, Suétone, Cicéron, Valère Maxime, Plutarque, etc. Le merveilleux du poëte est ici consacré par l'histoire. Qu'on juge, d'après cela, quelle foi on doit souvent ajouter aux récits des historiens grecs et romains.

Page 56 : 1. *Romanas acies iterum videre Philippi.* Ce passage a fort embarrassé les interprètes. L'opinion de Delille, qui a consacré plusieurs pages à l'explication de ce passage, est 1° *qu'il y avait deux Philippes auprès desquelles deux batailles ont été livrées ;* 2° *que ces deux villes étaient dans la Macédoine, autrement nommée Émathie ;* 3° *que ces deux villes étaient au pied du mont Hémus.*

Page 58 : 1. *Perjuria Trojæ.* Le roi Laomédon refusa leur salaire à Neptune et à Apollon qui avaient bâti les murs de Troie, d'où les Romains prétendaient tirer leur origine.

— 2. *Hinc movet Euphrates, illinc Germania bellum.* Ce passage semble avoir été écrit dans le temps qu'Auguste et Antoine rassemblaient leurs forces pour se disputer l'empire romain. On sait que cette guerre fut terminée par la défaite d'Antoine et de Cléopâtre, au promontoire d'Actium. Antoine tirait ses forces de la partie orientale de l'empire, que Virgile désigne ici par *Euphrates :* Auguste tirait les siennes de la partie septentrionale, et c'est ce qu'exprime *Germania.*

LIBRAIRIE DE L. HACHETTE ET Cie.

TRADUCTIONS JUXTALINÉAIRES

DES

PRINCIPAUX AUTEURS CLASSIQUES LATINS.

FORMAT IN-12.

Cette collection comprendra les principaux auteurs qu'on explique dans les classes.

EN VENTE AU 1er MAI 1846 :

CICÉRON : Discours contre Verrès sur les Supplices. Prix.	4 fr.	» c.
— Plaidoyer pour Milon. Prix	2 fr.	50 c.
— Songe de Scipion. Prix, broché	» fr.	75 c.
HORACE : Art poétique. Prix	» fr.	90 c.
PHÈDRE : Fables. Prix	3 fr.	» c.
TACITE : Vie d'Agricola. Prix	1 fr.	75 c.
TÉRENCE : Andrienne. Prix	2 fr.	50 c.
VIRGILE : Bucoliques. Prix	1 fr.	50 c.
— Énéide :		
Livres I, II, III réunis en un volume. Prix	4 fr.	» c.
Livres IV, V, VI réunis en un volume. Prix	4 fr.	» c.
Livres VII, VIII, IX réunis en un volume. Prix	4 fr.	» c.
Livres X, XI, XII réunis en un volume. Prix	4 fr.	» c.
Chaque livre séparément. Prix	1 fr.	50 c.
Géorgiques (les quatre livres), 1 volume. Prix	3 fr.	» c.
Chaque livre séparément. Prix	» fr.	90 c.

SOUS PRESSE :

CICÉRON : Discours contre Verrès sur les Statues.
— Discours pour le poëte Archias.
HORACE : Épîtres.
— Odes.
— Satires.
OVIDE : Métamorphoses, livre Ier.
TACITE : Annales, livre Ier.

À la même Librairie :

TRADUCTIONS JUXTALINÉAIRES

DES PRINCIPAUX AUTEURS GRECS,

à l'usage

des classes et des aspirants au baccalauréat ès lettres.

DE L'IMPRIMERIE DE CRAPELET, RUE DE VAUGIRARD, N° 9.

www.ingramcontent.com/pod-product-compliance
Lightning Source LLC
LaVergne TN
LVHW051502090426
835512LV00010B/2298